불
공
잘
해
라

불공 잘해라

불교 총지종 종조 원정 대성사 일대기

김천 지음 · 불교 총지종 엮음

운주사

宗祖晃淨大聖師真影

원정 대성사 진영

원정 대성사

발간사

종조 원정 대성사께서는 고려시대 이후 자취를 감췄던 밀교 종단의 맥을 잇는 한국 정통 밀교의 중흥조이자, 대승불교의 연장선상에 수승한 최상승 밀교가 있음을 만천하에 천명하신 분입니다.

대성사께서는 밀교경전의 편찬과 역경을 통해 현대 한국 불교에 처음으로 밀교를 알리셨으며, 즉신성불의 대도를 열어 고통과 괴로움에 허덕이는 일체 중생들을 해탈의 길로 인도하겠다는 대비원력으로 1972년 불교총지종을 세우셨습니다.

용기를 내어 불모지에 첫발을 내딛은 이가 있었기에 그 걸음을 따라 길이 생기는 법입니다. 대성사께서 문을 열어 만든 길을 따라 불법이 생활 속에 담기고, 생활이 불법과 다르지 않는 수행의 길로 통하게 된 것입니다.

창종 50년, 멸도 40주년을 맞아 후대 스승들이 대성사님의 흔적을 찾아 일대기를 편찬하겠다고 하여 한편으로는 다행이다 싶으면서도 송구한 마음을 금할 수 없었습니다. 대성 사님의 원력으로 한국불교에 밀교가 다시 그 뿌리를 내린 지 어느덧 반세기에 접어들었지만, 오늘날까지 대성사님의 삶 과 가르침에 관해 쉽게 접할 수 있는 이렇다고 할 책이 없는 게 현실이었습니다.

육신의 무상함을 멸도로서 보여주셨지만, 다시 그분을 기 억함은 뒤따르는 이들의 거울이 되고, 고해를 건너는 나침반 이 될 것이요, 사바의 풍파가 마음을 흔들 때 길을 밝혀주고 수행을 이끄는 별빛이 될 수 있겠구나 하는 생각이 들었습 니다.

신심을 가지고 최선을 다해 책을 엮어주신 분들의 노력에 고마움을 전하며, 더욱이 대성사님의 전법을 길이 전할 역사 적인 출간에 설판재자로 동참해주신 사부대중께도 깊은 감 사의 말씀을 드립니다.

대성사께서는 창종과 함께 삼밀三密과 육행六行을 수행덕 목으로 하여 복과 지혜를 함께 닦을 것을 설파하셨습니다. 삼밀은 밀교 수행법으로써 결인을 맺으며, 진언을 외우고, 마음으로 불보살과 그 진언 등을 관하는 것입니다. 삼밀수행 의 공덕은 경험하고 체득한 수행자만이 그 오묘한 진언의 공 능功能을 이해할 수 있습니다. 진언염송을 게을리 하지 않고 꾸준하게 정진 수행하는 가운데 이에 도달할 수 있습니다. 그러므로 하루도 빼먹지 않고 이생이 다하도록 진언을 지송 持誦해야 할 것입니다.

이번 '불공 잘해라'는 대성사님 최상승의 가르침으로 이 책을 읽는 모든 분들의 정진에 법신 비로자나부처님의 자비광명과 더불어 가지신력이 원만 구족하시기를 지심으로 서원합니다.

옴마니반메훔
옴마니반메훔
옴마니반메훔

불교총지종 제12대 종령

법공 합장

제1장
시절 인연

탄생

부처님의 가르침은 초전법륜 이래 한 번도 멈춰 흩어지지 않았으나 시절 인연에 따라 드러나거나 감춰졌다. 세상의 어둠 속에서 그 법의 등잔을 지킨 이들에 의해 고해를 밝히는 빛이 되어 왔다. 부처님이 세상을 위해 가르쳐 생활 속에서 불법을 어긋나지 않게 실천하는 밀교의 교법은 이 땅에 전해진 후 오래도록 마음과 마음으로 이어져 왔다. 그러나 아쉽게도 고려 이후 오래도록 길은 끊어지고 가르침은 잊히고 말았다. 세상의 고난을 구하고 생활이 온전히 불법이 되어 부처님의 가르침이 모든 삶의 순간에서 구현되기를 바란 한 사람의 원력에 의해 길은 다시 이어지고 혼란과 고통의 세상에 밀교의 법이 다시 드러나게 되었으니, 원정 대성사의 출현으로 법의 등불은 세상을 다시 비추게 되었다.

　대성사는 1907년 1월 29일 경남 밀양에서 일직 손씨 26세 손으로 태어났다. 부친은 손기현, 모친은 이근호 님이다. 어린 시절 부모님이 지어 호적에 올린 이름은 민호珉鎬, 빛나는 옥처럼 단단하게 세상에서 가치 있고 이롭게 쓰이는 사람이 되라는 바람을 담았다. 성년이 되어 관례를 치른 후 얻은 이름으로 자는 대련大鍊이라 하여 훗날의 쓰임을 위해 시대와 역사로부터 큰 단련을 받을 운명을 암시한다. 총지종을 일으킨 후에는 자를 정우(禎佑, 또는 楨佑)로 삼았으니 사바세계 중생들에게 붉은 해처럼 도움을 주리라는 염원을 읽을 수 있다. 대성사의 법호는 원정苑淨이니, 세상에 널리 알려진 명호다.

대성사가 태어난 곳은 일직 손씨 집안의 근거지인 경상남도 밀양군 산외면 다죽리, 일명 죽서竹西마을이다. 다죽리란 차밭이 있는 다원마을과 대나무가 많은 죽남마을에서 한 자씩 따서 붙인 이름이다. 이름 그대로 차나무와 대가 많은 곳이다. 차는 씨앗 하나가 떨어지면 일대를 차나무로 덮고 대는 뿌리 하나가 온 산을 울창한 대숲으로 만든다. 그런 인과대로 다죽리 일대는 밀양에서도 풍요롭고 인물 많기로 유명하다.

밀양 시내에서 울산 방면으로 가다가 얼음골과 표충사로 갈라지는 곳에 산외면이 있다. 재약산 천황봉에서 흘러내린 맑고 풍부한 물길이 마을 바깥을 감싸 흐르고 멀리 아득히 펼쳐진 산세가 세상을 굽어보고 있다. 마을 뒤편으로 육화산이 있어 완만한 능선이 다죽리 일대로 흘러 떨어지는데, 양명한 고장으로 알려진 밀양에서도 다원 일대는 풍수지리 면에서 가장 좋은 곳으로 전해진다.

수량이 풍부한 천을 끼고 펼쳐진 비옥한 들판 덕에 쌀과 밭작물이 풍부하고, 인근 재약산과 종남산, 가지산과 영취산, 그리고 북암산과 백운산 등지에서 나는 산채가 사철 끊이지 않는 곳이다. 다원 동산의 차밭에서 딴 차는 문중의 차례를 올릴 때나 인근 통도사와 표충사에서 헌다 공양으로 긴요하게 쓰이고, 차와 시를 곁들인 선비들의 시회에도 값지게 사용됐다. 대나무는 살림에 필요한 물건들을 만드는 데 요긴한 물건이라 다죽리는 밀양의 알곡 같은 곳이다. 한마디로 풍광이 좋고 먹을 것이 풍부하며 인재를 키우기에 적합한 땅으로 알려진 곳이다.

다죽리에는 천변을 따라 심어 둔 소나무 밭이 절경을 이룬다. 마을을 감싸고 펼쳐진 송림은 풍치가 뛰어나 지금도 밀양의 자랑으로 꼽히는 곳이다. 대성사는 어린 시절 그 송림 사이를 뛰어다니며 흐르는 물과 구름과 바람으로 세상과 만났을 것이다. 유년기의 경험과 기억은 평생 사라지지 않아 삶에 깊은 흔적을 남겨 놓는다. 후일 여러 가지 사연들이 있었지만 죽서마을에서 보낸 어린 시절은 말없이 세상사를 관조하고 침묵 속에서 꿰뚫던 성품의 기틀이 만들어졌다고 보아도 틀리지 않을 것이다. 다죽리는 예나 지금이나 그렇게 초연하고 평안한 곳이다.

사람의 삶은 흔히 인연의 소생으로 이야기한다. 태어나서 세상을 떠날 때까지 수많은 인연을 짓고 허물며 살아간다. 출생의 인연이란 그의 가문이나 부모를 인因으로 삼아 타고 나며, 당대의 사회와 시대상과 연緣을 맺게 된다. 대성사가 일직一直 손씨로 태어난 것은 운명적인 인연의 출발인 셈이

경상남도 밀양시 다죽리 대성사 생가 _1994년

다. 요즘의 표현에 따르면 유전자에 새겨진 무수한 정보가 성격과 태도에 영향을 미칠 수도 있기 때문이다.

일직 손씨는 흔히 안동安東 손씨로 칭한다. 고려시대 복주福州 땅인 안동 일직면에서 중시조가 가문의 번성을 이루었다. 손씨들의 성정을 이해할 수 있는 하나의 일화가 있는데, 대성사의 성품에 배인 혈통의 인과를 짐작할 수 있다.

일직 손씨의 4세 조상인 복천 부원군 손홍량福川 府阮君 孫洪亮은 고려 말 과거에 급제하여 벼슬길에 나선 후 승승장구하였다. 영의정의 자리에까지 올랐다가 고향으로 돌아왔는데, 공민왕 때 마침 홍건적이 침입하여 왕은 안동으로 피난을 왔다. 향리에 머물던 손홍량은 피난길의 왕을 마중하여, 관직을 벗어 평민이 되었음에도 난리를 수습하고 국운을 일으킬 정책을 건의하였다. 공민왕은 그 충직하고 곧은 절개를 크게 치하하며 감탄했다.

"그대는 한결같이 곧은 사람이다.(子誠一直之人)"

본관인 일직과 하나같이 곧은 성품이 일치함을 드러내 탄복한 것이다.

고려가 망한 후 일직 손씨들은 대부분 벼슬에서 물러나 은거하거나 자중하여 새로 들어선 왕조에 복종하지 않는 강직함을 보였다고 한다. 시류에 영합하지 않고 옳은 것을 보면 곧은 길을 두고 굽은 길로 돌아가지 못한 대성사의 인품이 어디서 왔는지 짐작할 수 있는 사례이다.

조선시대에 와서도 그 강직한 성품들이 드러나는 일이 자주 있었다. 8세손 손조서는 세종 때 급제하여 한림학사를 거친 후 벼슬길에 나섰으나 단종이 왕위를 빼앗기자 이에 항의하여 벼슬에서 물러나 은거하였다. 임진왜란으로 국토가 왜적에게 유린되자 손처눌孫處訥은 의병장으로 나서 팔공산에서 왜적과 싸워 이기고 대구를 지켜냈다.

조선 후기에 이르러 일직 손씨들은 무과에 급제하여 무반으로 봉직하는 일이 잦았다. 조선의 양반 제도는 문반과 무반으로 이루어졌으며 손씨 가문은 독특하게도 문과에 6명의 급제자를 냈고, 무과에도 6명의 급제자를 냈다. 문무에 출중한 가문을 이룬 것이다.

특히 숙종 대왕 때 무과에 급제하여 정삼품 첨지중추부사에 오른 손필억孫必億을 필두로 대성사의 조부인 정삼품 당상관 통정대부 신광첨사 겸 병마첨절제사通政大夫 神光僉事 兼 兵馬僉節制使 손규헌에 이르기까지 7대를 거쳐 9명의 병사兵使를 배출하였다. 그리하여 조선의 명망 높은 무반 집안으로 꼽히고 있다.

손씨들의 위세는 대성사의 고향에 아직도 고스란히 남아

있다. 밀양 혜산서원惠山書院은 다죽리 죽서마을에 은거하던 일직 손씨 다섯 선비를 지칭하는 손씨 5현五賢을 받드는 서원이다. 다죽리 손씨 일가가 학문에 게으르지 않고, 또한 문약함에 빠지지 않아 지혜와 무예를 함께 수련한 가문의 전통으로 후손들을 지도하던 곳이다. 고종 시절 서원철폐령이 내려지자 서원의 간판을 내리고 철운재徹雲齋 현판을 걸었다. 죽서마을에 자리하였다 하여 서산고택西山古宅이란 편액도 달았다. 밀양에는 모두 11곳의 서원이 있었는데, 그중에서도 혜산서원은 손씨 가문의 번창과 더불어 크게 번성했다.

대성사의 조부는 오늘의 장관 직급에 해당하는 정삼품 벼슬에 올라 당상관으로 출세한 손규헌(1842~1899)이다. 조선시대에 벼슬길에 오르는 길은 과거 외에도 음서陰敍제도가 있었는데, 그에 의해 관직을 얻은 이들을 음관陰官이라 불렀다. 명망 있는 가문 출신으로 공과에 의해 추천을 받아 관리로 임명하는 제도가 음서제인데, 소위 뼈대 있고 혈통 좋고 국가에 공적을 세운 관료의 자손 중에서 음관으로 추천받을 수 있으니, 15명의 음관을 배출한 일직 손씨 가문의 위상을 짐작할 수 있다.

대성사의 성품은 조부를 가장 많이 닮았다고 전한다. 정해진 시간에 할 일을 미루지 않고 자세를 흐트러뜨리지 않으며 공과 사를 엄격히 구분하는 성격은 할아버지의 것을 빼닮았다고 한다. 대성사의 조부는 20세 초반에 훈련원에서 무관으로 벼슬을 시작하였고, 공직 기간 중 빠른 출세와 높은 평가를 받았다. 왕의 지시사항과 행정 사무 처리를 기록한 승정원일기 1864년의 기사에 대성사의 조부를 선전관으로 임명했다고 기록되어 있다. 무관에 등과한 지 2년만의 일이니 승진도 무척 빠른 편이다. 선전관은 왕을 지척에서 지키는 역할을 하여 요직으로 간주되었다. 또 무반 중에서 후일 핵심적인 역할을 할 인재들로 임명했고, 무술의 재능이 뛰어나고 용기가 담대한 이들을 주로 뽑는 자리였다. 선전관은 평소 업무뿐 아니라 무예와 병법을 연마하여 승진에도 특전을 주는 직위인데, 고종이 왕위에 오른 해 훈련원 선전관으로 임명된 것은 무예의 자질이나 성품을 인정받은 것이다.

손규헌은 1870년에는 웅천현감으로 나가게 된다. 웅천현은 지금의 진해과 창원 지역 일대이고 예나 지금이나 남해안의 군사전략상 요충지로 꼽힌다. 고향인 밀양과도 그다지 멀지 않아 상당한 배려가 있었다고 볼 수 있다.

조선시대 지방과 중앙 관서 간에 오고 간 공문서는 각사등록各司謄錄이란 문헌에 남아 있다. 그 안에 경상도 지역 삼도통제사 신정이 지방 관서장의 인사평가를 왕에게 보고한 내용이 남아 있는데, 그 보고서인 1870년의 통제영계록統制營啓錄에 웅천현감에 대해 이렇게 평하고 있다.

"웅천현감 손규헌은 그 영명함이 간특한 계략을 살피는 데서 드러났고 그 고귀함은 사전에 대비하는 데서 고귀해졌다.(熊川縣監 孫珪憲, 明著察奸, 勤貴備虞)"

현감의 성품과 근무태도를 영명함과 고귀함으로 표현하였으니 문장으로 할 수 있는 최대한의 극찬이다. 아마도 현감으로 업무를 처리하는 데 있어 송사의 잘잘못을 잘 가려내고 군사로써 방비를 잘 갖추었음을 확인했기 때문일 것이다. 대성사가 조부를 고스란히 닮았다는 이야기는 이 같은 평가를 통해서 엿볼 수 있다. 영명함과 고귀함, 후일 교단을 세우고 부처님의 가르침을 널리 펼치는 데 그 성품이 빛을 발한 것은 명백한 일이다.

대성사의 조부는 웅천에서의 임직을 마치고 안동현감으로 영전한다. 안동현감 이후 함경도 6진 중 요충지인 훈융진의 사령관 격인 훈융첨사로 임명됐으나 연로한 노모의 봉양을 이유로 벼슬을 사양했다. 고종 17년인 1880년 1월 손규헌은 지금의 평안도 강계에 해당하는 신광新光의 첨사僉使로 임명되었다. 신광은 압록강을 마주하여 간도 접경이며 국방과 교역의 요충지이다. 신광첨사는 무관으로 승진을 위해 거쳐야 할 요직인 것이다. 후일 어린 대성사는 이 신광 땅을 밟고 압록강을 건너 만주로 건너가니 인연의 뿌리는 깊고 오묘하다.

그해 4월 15일 승정원일기에는 고종의 지시가 기록되어 있다.

"신광첨사 손규헌이 길을 떠나며 인사를 하니 긴 활과 화살, 애기살과 통아 등을 내려주라.(備忘記, 神光僉使孫珪憲下直, 長弓一張, 長箭一部, 片箭一部, 筒兒一箇賜給.)"

임직을 받아 떠나는 무관에게 활과 화살 일체를 챙겨 하사하는 관례가 있었고, 고종 임금은 나라를 위해 멀리 변방으로 떠나는 신광첨사를 위해 믿음의 표시를 하사한 것이다.

손규헌은 아들 셋과 딸 넷을 두는데, 첫째는 가문의 후사를 위해 양자로 보냈고, 둘째인 기현基賢이 대성사의 부친이다. 성사의 부친은 조부가 40세가 넘어 늦은 나이에 북쪽 임지인 신광에 있을 때 태어났다.

대성사가 어떻게 자랐으며 누구인가를 알려면 뼈와 살을

주고 숨을 불어 넣어준 부모를 살피는 일이 당연하다. 부친 인 손기현(1883~1942)은 조부의 영향으로 타고난 무골이었으며, 어려서부터 병사를 호령하고 백성을 다스리는 모습을 보고 자라 불의에 굴복하지 않는 천성을 지녔다. 하지만 국운은 이미 기울어 더 이상 무반으로 진출할 길도, 세상을 위해 꿈을 펼칠 기회도 사라진 시대를 살아야 했다. 구한말 어지러운 정세에 조부는 병을 핑계로 관직에서 물러나 고향인 밀양 죽서리로 낙향 은거한다. 정국이 어지럽고 정치가 오염됐을 때 일직 손씨 조상들이 행하였던 바 옛길을 따라간 것이다.

손기현의 다른 이름은 기준基準이고 자는 보현甫賢이다. 재령 이씨 이근호(1884~1968)와 혼인하여 아들 둘, 딸 둘을 두었으니, 그중 둘째 아들이 손민호, 바로 대성사이다. 재령 이씨는 영남 남인의 중심으로 번성하던 가문을 일군 밀양의 대표적인 권세가였으며 부자 집안이었다. 대성사의 모친은 시집올 때 예단뿐 아니라 찬모며 침모를 길게 거느리고 와 인근의 화제가 됐다고 전한다.

모친 이근호는 불심이 깊어 늘 말과 행동을 삼가하여 산 것을 해치는 일을 보면 말리고 꾸짖어 미물이라도 귀하게 여기기를 바랐다고 한다. 방안에 들어온 벌레 한 마리도 종이로 살짝 들어 밖으로 치울 정도로 조심했는데, 대성사는 어린 시절부터 모친의 불심에 크게 영향을 받았다.

대성사가 세상에 난 것이 1907년, 시대는 어렵고 가혹했다. 고종황제는 헤이그에 일제 침탈을 알리는 특사를 보냈으나 큰 반향을 일으키지 못했고, 이토 히로부미의 건의로 이완용 내각이 들어섰다. 이완용은 고종에게 총을 겨누고 압박하여 강제로 순종에게 양위하고, 정미 7조약을 맺어 대한제국은 일본제국의 보호령으로 전락하고 만다. 8월 1일 대한제국 군대가 강제 해산되고 그 이튿날 순종 황제가 즉위했으나, 전국 곳곳에서 본격적인 항일 의병전쟁이 벌어지게 된다. 해산된 군대와 전국의 의병들이 13도 창의군을 조직하여 한양에 진격하고 전국의 전 지역에서 전투를 벌였다.

시국의 여파는 대성사의 고향 밀양에도 고스란히 닥쳤다. 일찌감치 친일 조직 일진회一進會가 밀양에 조직돼 활개를 치고 다녔다. 일제 순사들이 밀양에도 주둔하며 저항의 기미를 싹부터 짓밟고 있었다. 6월이 되자 밀양현감은 병을 핑계 삼아 문을 걸어 닫고 모습을 보이지 않았는데, 동시에 일본어 학교를 휴교시키고 고종 양위 당시 체포됐던 이들을 모두 풀어주고 만다. 밀양, 유천 일대에서 의병 30여 명이 봉기하자 일본 순사가 출동하는 일도 있었다. 한마디로 밀양의 분위기는 시국을 따라 요동치고 있었다.

밀양군 상남면에는 금광이 있었는데, 1907년 3월 일본인 토시마라는 자가 광업권을 따내서 군민들의 원성을 샀다. 동시에 일본인들은 밀양은행을 설립하고 계속해서 자본 수탈을 위한 금융조합을 만들었다. 밀양은 일제에 의해 영남권 경제침탈의 교두보로 인식되면서 그야말로 일인들의 수탈의 먹잇감으로 전락한 것이다.

압박은 점차 현실로 다가왔다. 논에 심는 벼마저 일본 종자인 하야카미리키(早神力)를 심도록 강요받고, 1908년에는 드디어 밀양에 보통학교가 세워져 일제의 공민 교육과 융화 정책이 시작된다. 일제의 압력이 강해질수록 나라를 빼앗겼다는 시름은 점점 깊어졌다. 일신의 영달을 위해 친일의 길을 걷는 자들이 속출하고, 총을 들어 저항하던 이들의 입지는 점점 좁아졌다. 그래도 항일의 기세는 꺾이지 않아 1908년 8월 21일에는 의병 20여 명이 밀양 헌병 분견대와 전투를 벌였고, 10월 27일 자 대한매일신보는 밀양에서 의병 20여 명이 일본군 수비대와 접전하였다는 사실을 보도하고 있다. 밀양 인근은 경남 의병들의 주요 활동무대가 됐다.

1909년이 되면 상황은 더 심각해지는데, 하얼빈에서 조선 침략의 원흉 이토 히로부미가 안중근 의사의 총탄에 처형된다. 1910년에는 결국 한일 병합 조약이 체결되고 대한제국이라는 국호는 폐지되고 만다. 500년을 이어가던 조선의 역사가 끊긴 것이다. 조선총독부 초대 총독으로 데라우치가 임명되었고, 조선 토지 조사 사업을 명목으로 조선의 농지를 수탈하고 경제를 파괴하였다.

조선 각지에서 의병 투쟁은 그치지 않고 일제를 괴롭혔다. 일본 경찰 주재소를 습격하거나 전투를 벌였고, 그 결과 1907년부터 1909년까지 무려 2,700회의 전투가 벌어졌다. 참가 의병은 약 4만여 명으로 전국 어느 한 곳 빈틈없이 조선 전역에서 격렬한 저항을 이어가고 있었다.

1909년 9월에 이르러 조선총독부는 '남한 폭도 대토벌 작전', 일명 남한 대토벌을 벌이게 되는데, 의병 토벌을 빌미로 양민에 대한 무차별 살육과 약탈을 벌여 잔혹함을 드러냈다. 103명의 의병장이 전사하고 23명의 의병장은 형장에서 목숨을 잃었다. 일제는 항일을 처절히 응징함으로써 반항을 용납하지 않겠다는 의도를 감추지 않았다. 그런 폭압에도 저항은 사라지지 않고 더 거세졌다.

1909년 10월 5일 밤 의병들은 밀양에도 나타나 일제에 굴복하지 않겠다는 뜻을 확실히 보여주었다. 의병이 모습을 보인 곳은 대성사의 집이 있던 산외면 인근인 부북면으로, 소식은 삽시간에 밀양 전역으로 퍼졌고 일본 헌병 주재소는 급박한 사정을 총독부에 보고하였다. 시대는 점차 항전의 분위기를 높여 가고 있었다. 의병들은 국내에서 전투를 벌였을 뿐 아니라, 압록강을 건너가 거점을 만들어 무한투쟁을 준비하고 있었다.

대성사의 부친은 타고난 무인이었다. 불의를 보고 지나치지 못하고, 뜻을 굽히고 자신의 이익을 위해 대의를 그르칠 수 없는 인물이었다. 그리고 시대는 그에게 더 이상 무릎 꿇고 살 수 없게 하였다. 망국의 시대에 수많은 의인들이 총을 들고 싸우기 위해 망명길을 나서게 된다. 모두가 침묵할 때 훌쩍 일어서 투쟁에 나섰으니 그들이 당시 외친 말은 "너희가 팔아먹은 나라, 우리가 되찾겠다."였다.

망명

1912년 나라가 완전히 일본의 손에 넘어가자 부친 손기현은 큰 결심을 한다. 조용히 재산과 세간살이를 처분하고 망명의 길에 나선 것이다. 목적지는 만주 땅 서간도. 당시 독립전쟁을 펼치려는 이들이 거점으로 삼은 땅이다. 망명을 위한 준비는 은밀하게 이루어졌다.

꼭 필요한 것을 제외하고 가재도구는 모두 나누거나 내다 팔았다. 급히 내다 파니 제값을 받을 도리가 없었지만 빨리 처분하기 위해 헐값에라도 옥토며 세간살이들을 넘겼다. 빼앗긴 조국이니 노비문서를 불살라 신분을 풀어주던 일도 망명객들 사이에 흔한 일이었다. 담살이하던 식솔들에게 가산을 나눠주고, 새로운 시대가 왔으니 명을 보존하고 후일을 도모하여 밝은 세상에서 다시 만나자는 언약을 남겼다.

대부분의 망명객은 짐을 줄이고 줄여 이불이며 솥을 제외하고는 불필요한 것들을 모두 처분하는 것이 상례였다. 망명길에서 먹을 양식과 만주에서 첫해를 넘길 곡식, 그리고 황무지를 개간하여 심을 종자가 목숨을 지켜줄 소중한 재산이었다. 그밖의 것들은 이 산하를 되찾은 후에야 의미 있는 것일 뿐 조국이 왜인에게 빼앗겼으니 아무 의미가 없다고 여겼다. 나라를 빼앗긴 절망과 조국을 되찾겠다는 희망 앞에서 희망의 편에 서기로 한 이들에게 중요한 것은 의지요 신념이었다.

망명은 대개 사전에 뜻을 모은 여러 사람과 가족이 동행하여 떠났는데, 적게는 10여 명에서 많게는 100여 명까지 무리를 이루었다. 긴 여정에 혹시 모를 사고를 막고 낯선 땅에서 함께 정착하기 위해서였다. 대부분은 만주에 미리 정착한 동지들에게 연락하여 길과 목적지를 정한 후 움직였다고 한다.

안창호, 이희영, 이동영 등이 주축이 된 신민회新民會는 1910년부터 독립운동 기지 건설을 위해 대규모 이주와 망명을 계획하여 진행했다. 주로 건너간 곳은 서간도 땅, 봉천과 인근인 길림성 유하현 삼원보 지역, 고구려의 옛 영토이자 독립운동의 중심지였다.

봉천은 지금의 랴오닝성 선양시로, 당시는 청나라 동변도에 속하는 지역으로 만주에서 가장 큰 도시였다. 그곳에서 학교를 세워 민족교육을 하고 군사기지를 만들어 독립군을 양성하는 일이 망명객들이 주로 하던 일이었다. 은밀히 동지를 모으고 망명을 도와 대규모 이주가 시작되었다. 손기현도 그 뜻에 동참했다.

밀양에서 봉천까지 직선거리로 830킬로미터가 넘으니 거리상으로는 2,000리 이상, 산 넘고 강 건너 구비구비 걸어야 하는 육로로는 3,000리에서 4,000리 정도가 되는 머나먼 거리이다. 젊은 장정이 빠른 걸음으로 걷는다 하여도 여러 달이 넘게 걸리는 길이다. 게다가 길에서 만날지도 모를 도적 떼와 일본 헌병과 경찰의 눈도 피했어야 하니 시간은 더욱 길어지고 길은 멀 수밖에 없었다.

대성사 가족이 길을 떠난 것은 1912년 가을 무렵. 대성사의 나이 6살, 형은 10살 때의 일이다. 원수의 땅에서 머리를 숙이고 사느니 생명을 아끼지 않고 싸운다면 나라를 되찾아 자식들에게 되돌려 줄 수 있다는 결기를 세운 것이다. 부모는 어린 두 형제를 앞세우고 소달구지에, 고국의 삶과 영예를 다 정리하고 남은 하나, 미래의 희망을 싣고 동지들과 함께 길을 떠났다.

당시의 일을 경험한 이들은 이미 다 세상을 떠났지만 가족에게 전해지는 이야기로는 대성사는 어린 나이에도 의연하게 망명길을 걸어갔다고 한다. 가는 길에 끼니를 때우기 위해 얻은 주먹밥 한 덩이를 형에게 양보하기도 하고, 6살 어린이인데도 칭얼댐 없이 자기 앞에 놓인 운명의 길을 한 발자국 한 발자국 당당히 걸었다고 전해진다. 자신이 한 발 한 발 내딛는 걸음의 의미를 알고 있었기 때문이다. 한 걸음을 내딛을 때 한 치 새로운 미래가 열린다는 경험은 후일 새로운 시대의 교법을 열 때도 힘이 되었다.

망명길을 대부분 가을에 떠나는 것은 한 해 농사를 마무리 지어 한 푼이라도 노자에 보탤 뿐 아니라 양식을 챙겨야 하기 때문이다. 또한 압록강이 얼어야 강을 건너 만주 땅으로 건너갈 수 있었다. 먼저 정착한 동지들의 도움으로 정착할 곳을 잡고, 운 좋게 겨울을 나면 다음해 봄 곧바로 땅을 일구고 곡식을 심어 또 한 해를 살아갈 수 있다. 그런 셈법으로 가을에 길을 떠났으나 '길 떠나면 고생'이라는 속담처럼 날은 점점 추워지고, 따듯한 고장 밀양보다 북쪽의 가을과 겨울은 혹독하다 못해 생명을 위협하는 고통으로 다가섰다. 세월의 비장함 앞에 대성사는 어린 나이에도 자기 삶의 무게를 짊어져야 한다는 사실을 일찌감치 깨달았다.

이동로는 험난했다. 밀양에서 청도-대구-안동-영주를 거쳐 소백산을 넘고 원주에서 춘천으로 가서 철원에 이르게 된다. 철원에서 신계-곡산-평양을 지나 개천과 영변을 지나치면 개마고원이 험하게 펼쳐졌다. 산과 산을 넘고 넘어 전천에서 다시 압록강을 향해 가면 드디어 국경인 초산에 닿는다.

초산에서 압록강을 건너야 하는데, 대개는 겨울철 강이 얼었을 때 국경 경비대의 눈을 피해 한밤중에 월경을 했다. 대성사는 생전에 강을 건너던 때의 이야기를 이렇게 남겼다고 전한다.

"강이 꽁꽁 얼었는데 달빛이 환했다. 어둠 속에서 달빛이 의지가 됐지만 일본군의 눈에 띌까 두려움도 있었다.

미끄러지지 않게 신발에 다시 짚으로 꼰 끈을 묶어 채비를 마쳤다. 모두 준비가 됐을 때 주변을 살펴서 숨죽이고 얼어붙은 강을 건넜다.

모두 입 다물고 앞만 보고 걸었다. 숨소리도 내지 않고 발걸음을 조심조심 내디뎠다. 간혹 쩌렁쩌렁 얼음이 갈라지는 소리가 들렸는데, 혹시라도 얼음이 깨질까 봐 두려웠다.

그렇게 숨 죽여서 도착한 곳이 만주 땅이다. 언 강을 건너니 살길이 열린 것 같았다."

초산을 지나면 바로 압록강이 나오는데 망명객들은 강변 야산에 몸을 감추고 밤을 기다렸다고 한다. 몸을 녹일 모닥불조차 피울 수 없이 온몸으로 삭풍을 맞으며 때를 기다렸다. 밤이 되면 길잡이와 함께 국경을 건너 고국과는 작별을 고했다.

이 무렵 대성사 일행과 함께 혹은 앞서거니 뒤따르며 강을 건넜던 밀양 출신 지사들은 모두 독립운동에 몸을 바친 투사들이다. 일제의 간담을 서늘하게 했던 의열단 단장 약산 김원봉, 대종교 3대 교주이자 민족학교인 동창학교를 설립하고 독립군을 이끌던 단애 윤세복, 단애의 형인 백암 윤세용, 김원봉의 동지이자 신흥무관학교 출신의 윤세주, 독립운동가인 백농 이용식, 의열단 고문 황상규, 의열단원인 김산윤, 한봉근, 한봉인 등이 망명에 나서서 서간도에 터를 잡은 밀양 출신이다.

그러니 척박한 이국 땅에서도 마음 붙이고 뿌리내려 독립을 위해 싸우기에 외롭지 않았을 것이다. 먼길을 떠나 목적지에 닿은 것은 1913년. 대성사의 나이 7세 때의 일이다.

대성사 가족이 자리를 잡은 곳은 압록강에서 가까운 동변도, 중국 봉천성 환인현 남관南關, 즉 지금의 선양시에서 국경을 향해 남동쪽으로 치우친 곳이다.

주몽이 이곳에서 고구려를 건국하여 동명성왕이 된 후 졸본이라 불렸다. 고구려 유적인 오녀산성이 있어 압록강을 넘은 대한국인들에게는 마음의 고향이 됐다. 만주족이 청나라를 세운 후 이 지역은 신성한 땅으로 출입을 금하였는데, 청이 세력을 잃자 조선 말부터 조선인들이 월경하여 사실상 우리 민족이 정착한 곳이다.

환인현 남관은 밀양과 비슷한 곳이다. 길림성 백산시 주변에서 발원하여 1,000리를 굽이쳐 흐르다가 환인현에 이르러 잠시 마을을 에워싸고 다시 남쪽 압록강에 합류하는 훈강(혼강, 渾江)이 흐른다. 남관은 환인현의 남쪽 지역으로 강과 가까이 있어 농사짓기 적합한 곳이다. 밀양강이 굽이치다가 낙동강과 합치는 모양과 흡사한 지형으로 고향 삼아 터를 잡을 만한 곳이었다.

환인현은 초산에서 월경한 조선인들이 처음 정착하는 땅으로 서북쪽으로 봉천奉天이 있고 동북 방면으로 통화시通化市와 백산시白山市, 북쪽으로 장춘長春과 지린(吉林, 길림)이 있는 교통의 요지이기도 했다. 동쪽으로 더 나아가면 옌볜(延邊, 연변)이고 서북으로 헤이룽장(黑龍江, 흑룡강)이 있는 북간도 땅이다. 환인은 서간도 입구의 요충으로 군사적으로 중요한 지역이며 일군과 맞선 독립전쟁의 최전방 전선이었다.

불모지였던 땅에 정착한 조선인들은 훈강의 물을 끌어들여 만주 땅 최초로 논을 개간하여 벼를 심었다. 일일이 손으로 돌을 골라내 밭을 일구고 옥수수와 귀리, 기장 따위를 심어 겨우 목숨을 부지할 만큼 농사를 지어 근근이 살아갈 수 있었다. 그나마도 대부분 만주족의 토지라 소출의 절반 이상, 삼분의 이 정도를 바쳐야 소작으로 농사지을 땅을 얻을 수 있었다.

　대성사 가족 또한 황무지를 개간해서 농사를 지었다. 어린 대성사 형제도 돌을 나르고 밭을 가는 일에서 벗어날 수 없었다. 모두가 매달려야 곡식 일굴 밭 한 뼘이라도 만들 수 있었기 때문이다. 초가집을 짓고 돌담을 쌓았다.

　평생 양반으로, 대대로 벼슬에 나섰던 무반의 자손으로 명망과 부귀를 누렸던 대성사의 부모로서는 상상할 수 없는 고난이었다. 어린 자식까지 메마른 만주 바람을 맞으며 노동을 해야 하는 삶은 거칠고 힘겨웠다.

　대성사 여동생이 남긴 회고담에 따르면, 그렇게 해서 지은 농사는 옥수수, 콩, 감자에 조라고 했다. 그것도 일가족이 다 나서서 쉼 없이 땅을 고르고 일구어 겨우 연명할 양식을 거둘 수 있었다. 사립문 밖에는 손수 일군 옥수수가 강변까지 길게 밭을 이루고 있었다. 거친 곡식이지만 이곳에서 식솔을 건사하고 후일을 도모하기에는 모자라지 않은 나날이 이어졌다. 쌀과 보리는 구경도 할 수 없었지만 그곳엔 노예를 벗어난 자유가 있었다.

그런 척박한 삶 속에서도 서간도에 모인 독립운동가들은 학교를 세워 민족정기를 가르치고, 독립군을 키워냈다. 나라를 빼앗겼지만 정신은 뺏기지 않았고 하루도 항쟁을 멈춘 날이 없었다.

서간도 일대는 독립세력의 중심지이며 상해 임시정부의 군사조직인 서로군정서가 있던 곳이라 일본 밀정들의 움직임도 왕성했다. 얼마나 많은 밀정들이 있었는지를 잘 보여주는 일화가 있다.

봉천 일대가 독립운동의 중심지란 소식을 듣고 만해 한용운이 1912년에 독립운동가들을 만나러 서간도로 건너왔다. 낯선 인물이 독립운동가들을 탐문하고 다니자 만해를 밀정으로 의심한 독립군은 총격을 가하였고, 천만 다행히 만해는 목숨을 건져 돌아갔다. 그만큼 흉흉하던 시절에 대성사 가족도 서간도에 정착한 것이다.

1910년대 서간도의 생활은 참혹했다. 이주해 온 조선인들은 풍토병과 굶주림으로 목숨을 잃는 일이 허다했다. 중국

지주의 수탈, 군벌과 도적떼의 약탈도 망명객들을 괴롭혔다. 이주민과 망명객들이 어느 정도 자리를 잡자 먼저 자치 기구를 만들고 교육기관을 설립했으며 곧이어 독립군을 양성해 군사조직을 결성하게 된다.

손기현은 당시 망명객들 사이에서 신망이 높았다. 동지들이 어려움에 처하면 기꺼이 나서서 궂은일을 마다하지 않았는데, 자치 기구를 만드는 일에 앞장서 나섰고 동포가 어려움을 당하면 몸소 싸우기를 주저하지 않았다. 때문에 1919년 상해 임시정부와 연관된 서간도 독립운동의 주체 세력인 서로군정서 산하 조직인 한교공회韓僑公會에서 외교원外交員 신분으로 일하게 된다. 한교공회는 밀양 출신의 독립운동가 성좌 윤세용聖佐 尹世茸이 뜻을 같이하는 동지들과 세운 임시정부 산하 무장독립투쟁 단체이다. 손기현의 집은 독립운동가를 위해 밥을 지어주는 일을 했다. 독립군이라면 누구나 손기현의 집에서 밥을 먹을 수 있었다. 배불리 먹고 용기와 힘을 내 일본군과 맞서 싸우자는 것이 그의 뜻이었다.

한교공회는 대성사 가족이 머물던 환인현桓仁縣 마권자馬圈子에 본부를 두고 서간도 곳곳에 지부를 두고 있었다. 설립 목적은 일제 침략기관을 습격하고 앞잡이들을 처단하는 일이었으며, 만주 일대에서 수많은 업적을 이루었다. 대성사 부친이 맡은 외교원은 러시아 및 만주 군벌들과 교섭하여 독립군을 위해 무기를 조달하는 임무였다.

러시아 내전에 참여했던 체코슬로바키아 군단, 일명 체코 군단이 해산되어 1920년 블라디보스토크를 떠날 때 그들의 무기 대부분을 독립군들이 사들이게 된다. 대성사의 부친은 권총과 기관총, 탄약과 폭탄 등 다량의 무기를 독립군에 공급하였다.

이때 대성사의 나이는 12세로, 망명길의 고초와 간도 땅에서 생존을 위해 겪어야 했던 숱한 고난을 경험한 덕에 과묵하면서도 진중한 성품을 키우고 있었다. 남관의 초가삼간 집은 밤이면 독립군들의 집회장소가 되었다.

어린 대성사의 눈에는 그들이 모두 장군이며 도인으로 보였다. 대성사는 당시의 경험을 종종 주변 사람들에게 이야기하곤 했는데, 화령 정사가 들었던 어느 겨울밤의 이야기는 인상 깊다.

부친의 동지인 독립군들이 모이면 넉넉지 않은 살림에도 대성사의 모친은 아끼지 않고 끼니를 내놓았다. 옥수수에 감자, 때로는 조와 수수로 지은 더운밥은 메마른 시절 동지들의 주린 배와 가슴을 데웠다.

하루는 저녁을 먹고 늦은 밤까지 일제를 물리칠 계책과 작전을 짜던 독립군들이 초롱초롱한 눈망울로 지켜보던 대성사에게 심부름을 시켰다.

"애야, 탁주가 떨어졌으니 주막에 가서 이 주전자에 받아 오려무나."

대성사는 의심 없이 일어나 주전자를 들고 문을 나서려 했다. 수염을 기른 독립군 중 한 사람이 대성사를 불러 세웠다.

"지금 밖이 춥고 밤이 깊었으니 멀리 갈 것 없다."

그리고 대성사에게 빈 주전자를 들고 있으라 하고는 엽전 꾸러미를 그릇에 던져 넣었다. 그러자 빈 주전자가 묵직해지면서 이내 막걸리가 가득 찼다. 어리둥절한 대성사를 보면서 어른들은 웃음을 터뜨리고, 이내 하던 이야기들을 다시 나누기 시작했다.

대성사의 눈에 독립군들은 모두 도인으로 보였다고 한다. 어른들의 장난이 마치 대성사에게는 요술처럼 보였고, 어린 마음에 깊은 인상을 남겼던 것 같다. 이와 같은 환술幻術을 치물置物이라 부른다 하였는데, 대성사는 후일 이런 환술에 마음을 빼앗기지 말라고 경계하였다. 마음에 삿된 바람을 세우지 않고 정의롭게 산다는 것이 얼마나 무거운지를 마음속에 새긴 것이다.

독립군들은 총에 대해서도 알려주곤 했다. 대성사 형제는 독립군이 휴대하던 체코제 총과 러시아제 모신나강 소총에 대한 해박한 지식과 실제 작동법을 꿰뚫고 있었다. 독립군이 어린 대성사 형제에게 이들 총의 특징과 다루는 법을 가르쳤다는데, 대성사는 측근들에게 이때의 경험을 상세히 들려주곤 했다.

일제의 극악한 탄압과 살육 속에서도 3.1 운동이 한반도 전역과 만주 일대, 중국과 미주까지 교민이 살고 있던 전 지역에서 독립운동의 불꽃을 태우게 된다. 1919년 겨울 김원봉과 동지들에 의해 의열단이 조직되고 만주 전역에서 무장투쟁에 나서자는 의지가 퍼져갔다. 홍범도 장군이 이끄는 포수단과 독립군은 간도 땅 전역을 종횡무진할 뿐 아니라 압록강을 넘어 일본군을 습격하는 전과를 올린다. 일제는 눈엣가시인 무장 독립군 세력을 척결하기 위해 밀정들을 풀어 간도 일대 독립운동가들의 행적을 낱낱이 감시했다.

1920년 5월 1일자 독립신문 3면 서간도 소식란에는 이런 기사가 실려 있다.

"환인현 한교공회에 지난 7일 적 경찰 몇 놈과 중국 기마병 몇 놈이 별안간에 달려와서 공회임원과 기타 모두

8명을 체포하여 통화현 왜영사관으로 압송하였다."

그리고 통화현을 비롯해 서간도 곳곳에서 일본 군경의 체포와 수색, 압수작전이 벌어진 정황이 실려 있다.

1920년 5월 1일 일제의 간도파견원이 내각총리대신과 경시총감, 검사총장, 조선군사령관 등에게 전보로 보고한 만주지방 독립운동가 동향 보고에 따르면, 대성사의 부친 손기헌은 유하현 삼원보의 서로군정서 산하 독립단의 지단인 환인현 한교공회의 외교원으로서 주요한 감시대상 인물로 기록돼 있다.

서로군정서는 이상룡을 사령관으로 하는 임시정부의 군사조직이다. 이시영의 신흥무관학교 출신들이 서로군정서의 독립군으로 참여하고 있었는데, 서간도를 비롯한 남만주일대의 독립운동 세력들이 모두 모여 만든 단체이다.

수천 명이 속한 군사조직으로 평안북도 한만 접경지대에서 일본군과 자주 교전을 벌였다. 압록강 넘어 삼수군의 일본군 주재소, 강계의 삼강주재소와 문옥면사무소 등을 습격해 파괴하였을 뿐 아니라 친일파를 처단하는 전과를 올렸다. 일제의 입장에서는 눈엣가시 같은 존재여서 늘 감시와 토벌의 대상이 됐다.

1920년 6월 22일 독립
신문 봉오동 전투 승전
기사

1920년 6월 독립군 홍범도 장군과 최진동 부대의 1개 소
대가 두만강을 건너 함경북도 종성군의 일본군 헌병 국경초
소를 습격 격파하고 이어 출동한 일본군 남양 수비대를 만주
로 유인하여 봉오동에서 전투를 벌였다. 전투의 결과는 일본
군의 참패였다.

대한 독립군이 작전을 벌여 정규 일본군과의 전투에서 압
승을 한 역사적인 성과이다. 이는 국내외 독립운동 세력의
자신감을 높이고 독립전쟁의 불길을 더욱 타오르게 했다. 일
제는 그 보복으로 간도의 독립단체를 색출하는 데 혈안이
된다.

1919년 조선총독부는 정치에 관한 범죄 처벌의 건, 일명
제령 제7호를 선포하는데, 오로지 독립운동을 처벌할 목적
으로 제정한, 토벌과 처단 목적의 법률이다. 그 조목은 '정치

의 변혁을 목적으로 하여 다수공동으로 안녕 질서를 방해하거나 방해하고자 하는 자는 10년 이하의 징역 또는 금고에 처한다. 이 영은 제국신민(조선인)에게도 적용한다'는 내용으로 국내외 독립운동 세력을 대상으로 삼고 있다.

일제는 봉오동 전투의 참패 후 이 제령 제7호를 근거로 1920년 10월 철령 주재 보병 제19연대와 공주령 주재 기병 12연대를 출동시켜 서간도 일대의 독립운동가 체포에 나섰다. 당시 만주 일대에서 벌어진 조선인 사냥을 경신참변이라 부른다.

1920년 10월 6일 재 안동 일본 영사관 통화 분관 주임 혼다(本田)는 일본 외무대신에게 독립군 체포 보고서를 보냈다. 1919년 3월부터 유하현 삼원보와 환인현 등 각지에 설립된 무장 독립군 세력이 상해 임시정부와 러시아 지역의 세력과 결탁하여 조선에 침투하여 전투를 벌이니 일당을 토벌하고 체포한다는 내용이다. 당시 총 97명의 독립군이 체포되었다.

보고서에는 독립군들이 사들인 총기가 러시아 보병총 90자루, 자동소총 60정, 미제 보병총 16정, 윈체스터 군용총 21자루, 중국제 엽총 160자루, 중국제 단발식 권총 111정, 영국제 보병총 14자루, 자동권총 40정, 러시아제 소총 170

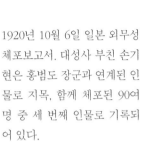

1920년 10월 6일 일본 외무성 체포보고서. 대성사 부친 손기현은 홍범도 장군과 연계된 인물로 지목, 함께 체포된 90여 명 중 세 번째 인물로 기록되어 있다.

정, 러시아제 자동 권총 230정, 영국제 소총 16정, 기관단총 12정, 윈체스터 군용총 32정, 미제 권총 20정, 중국제 권총 49정, 로시아 권총 등으로 나타나 있으며, 이 중 권총과 보병총 수 정과 함께 군복 80벌이 압수됐다. 이로써 당시 서간도 독립군의 무장상태가 상당했음을 알 수 있다.

구속자 90여 명 중 손기현은 세 번째 주요 인물로 독립단 외교원으로 식별되어 있다. 대성사의 부친은 즉시 안동 영사관으로 압송되었다. 대성사의 나이 13살 때의 일이다.

체포 당시의 상황은 대성사의 어린 여동생이 생전에 남긴 회고담에 생생히 기록되어 있다. 평소처럼 다수의 독립군이 들러 옥수수와 감자로 아침을 먹고 떠난 후 일본군이 들이닥쳤다.

말 탄 기병대와 소총을 든 수십 명의 일본군이 일본 경찰과 함께 사립문을 박차고 들어와 다짜고짜 총을 들이대고 독립군의 행방을 물었다.

일본군 우두머리가 말에서 내려보며 물었다.

"독립군을 보았는가?"

대성사의 부친은 비웃으며 답했다.

"보지 못했다."

"거짓말을 하는가?"

"거짓이 아니다."

"알고 왔는데 시치미를 떼는 것인가?"

"독립군인지는 모르겠고 굶주린 동포가 왔기에 밥을 먹여 보냈다."

"어디로 갔는가?"

"어디로 간다는 말을 듣지 못했다."

집안을 부술듯이 온통 뒤집고 샅샅이 살폈으나 흔적을 찾지 못하자 대성사의 부친과 17살이던 형을 끌고 갔다. 대성사와 모친, 그리고 어린 여동생 둘은 그 모습을 고스란히 지켜볼 수밖에 없었다.

대성사는 어린 탓에 변고를 피할 수 있었지만 마음 깊이 상처가 남았다. 사람이 사람에게 대하는 폭력과 자비 없는 악행이 얼마나 사납고 두려운 것인가를 새삼 깨달은 것이다.

헌병대에 끌고 가서 보름 동안 악랄한 고문이 이어졌다. 손톱에 바늘을 꽂아 넣고 집게로 손가락 관절을 모두 비틀었다. 거꾸로 매단 후 몽둥이로 두들겨 패고 코에는 소금물을 쏟아 부었다. 피가 터지도록 몽둥이질을 한 후 정신을 잃으면 물을 뿌려 깨워 더 심한 매질을 하였다. 더 참혹한 것은 아비의 눈앞에서 자식을 고문하고, 자식에게 아비가 고통 받는 모습을 보여주는 것이었다.

일본군은 오랫동안 밀정을 통해 대성사 부친의 활동을 눈여겨 지켜보고 있었다. 보고서에 따르면, 홍범도 장군의 부하로 독립단의 핵심인물이었기 때문에 서로군정서를 토벌하기 위한 정보를 얻기 위해 모질게 고문했던 것이다.

대성사의 부친이 입을 열지 않고 비밀을 지키는 사이 독립군들은 본부를 액목현額穆縣으로 옮기고, 독립군 대부분도 안도현安圖縣 방면으로 이동해 탈출에 성공하였다.

하지만 그 대가는 처절하여 체포된 대성사의 형은 고문으로 인해 평생의 지병을 얻게 된다. 그래도 입을 열지 않아 아무런 답을 얻지 못하자 형은 보름 만에 석방되고 부친은 신의주로 호송되어 재판을 받았다.

죄목은 제령 제7조 위반. 일제로부터 징역 8개월을 선고 받았다. 손기현의 공적은 오래도록 잊혀졌다가 2016년 대통령 포상으로 훈장이 추서되었다. 그 또한 후손에게 알려지지 않아 묻혀졌는데, 다행인 것은 금번 일대기 작업 과정에서 독립운동 행적이 밝혀져 후손에게 훈장과 공적서가 전해지고 독립유공자로 정확히 기록되게 된 것이다. 옥고를 치른 것은 부친이었지만 모든 가족이 함께 독립운동을 한 것이다. 대성사도 가족도 모두 우리 광복의 치열한 씨앗과 빛이 됐다.

대성사의 형은 집에 돌아와서도 여러 날을 앓아 누웠다. 현실은 더욱 잔인하게 닥쳤다. 아버지의 빈자리를 형제가 고스란히 채워야 했다. 장을 보는 일부터, 독립운동가를 위해 멀리 가서 전갈을 전하는 심부름까지 형제가 번갈아 해야만 했다.

어머니는 멀리 떠나보내는 형제의 뒷모습을 보이지 않을 때까지 바라보았다. 대성사의 모친은 본디 불심이 깊었다. 남편이 옥고를 치를 때도 흐트러지지 않고 묵묵히 인욕으로 자리를 지켰다. 정의로운 일을 하다 불의한 이들에게 당하는 고초였기 때문에 보살심을 잃지 않았으리라.

새벽이면 정화수를 떠놓고 치성을 드리고 당당한 모습으

로 현실을 받아들였다. 간도땅 독립운동가의 아내들이 그랬듯이 점점 기울어 가는 가세를 안간힘을 다해서 버텨냈다.

어느 날 문득 대성사 형제는 어머니께 간청을 드렸다.

"어머니. 저희는 결심했습니다."

"무엇을 말이냐?"

어린 대성사가 무겁게 입을 열었다.

"저희도 독립군에 나가 싸우겠습니다."

어머니는 자식들의 모습이 한편 대견하고 자랑스러웠지만, 한편으론 옥고를 치르고 있는 남편을 떠올렸다.

"아버지가 집을 비우고 있는데 너희마저 떠난다면 이 집안을 지킬 수 있겠느냐? 정의를 위해 나서는 것은 말리지 않을 것이나 아버지가 돌아오신 후에 결정하자."

밀정들은 여전히 대성사 가족 주변을 기웃거리며 살폈고, 간간이 일본군 헌병들도 불령선인不逞鮮人의 동태를 살핀다고 들러 가족을 괴롭혔다. 환인현에서 버티는 일은 점점 어려워져 갔다.

다시 만주로

대성사 부친은 8개월의 징역을 꼬박 살고 돌아왔다. 가계는 어려워졌으나 그렇다고 뜻을 굽히지 않았다. 당시 일제는 무장독립투쟁은 폭도로 몰고 군자금 모금은 강도로 몰아 처벌했다. 독립군이 잡히면 주로 강도, 살인범 등의 죄목으로 재판에 넘겼다.

손기현은 석방된 후에도 망명자 사회에서 상당한 존경과 영향력을 행사하고 있었다. 통화현의 한족회원이 독립군 군자금 모금의 와중에 밀정으로 의심 되는 이를 처결한 사건이 있었는데, 대성사의 부친은 체포된 이의 무죄를 주장하는 증인으로 나서서 일제에 맞서 결국 무죄 판결을 받아내기도 하였다.

이 시기에 대성사의 신변에 주목할 만한 사건이 있었다. 자칫 운명이 달라질 수 있는 일이 벌어진 것이다. 중국인 부자가 대성사의 인물됨을 알아보고 양자로 달라고 간청했다고 전한다.

당시 서간도 지역의 토지는 대부분 중국인 지주들의 것이 었는데, 그중 가장 큰 부자가 대성사의 집을 찾았다. 대성사 부친에게 인사를 건네고는 다짜고짜 요청을 했다.

"내 이집 둘째 아드님을 눈여겨보았소. 한눈에도 심성이 바르게 보이고 영민함을 숨기지 못하고 드러내고 있다는 것을 알고 있소. 이집 사정은 내가 보고 들어 잘 알고 있으니, 이집엔 대를 이을 맏이도 있으니 둘째를 내게 양자로 주시면 어떻겠소? 내 필히 잘 가르치고 가진 것을 모두 쏟아서라도 크게 성공한 인물로 키우고 싶소."

난데없는 요청에 대성사의 부모는 잠시 얼어붙었다. 자식의 미래가 달린 일이라 섣불리 결정할 수 없지만 답은 이미 정해져 있었다.

"그럴 순 없습니다. 내 멀리 이곳에 와서 망명생활을 하는 것은 민족과 자손의 미래를 도모코자 함이오. 어찌 자식을 남에게 준단 말입니까. 천부당한 말씀이니 그 청을 거두시고 돌아가시오."

그러나 중국인 부자는 순순히 뜻을 거두지 않았다.

"내가 사람 보는 눈이 있소. 이집 둘째는 큰 인물이 되어 세상에 이름을 떨칠 운명이오. 하지만 주변 도움 없이는 세상 누구보다 어려운 시련을 겪게 되리다. 그러니 내가 맡아 순탄하게 큰사람으로 만들게 해주시오.”

그런 간절한 청에도 대성사 부모의 뜻이 완강하자 아쉽게 돌아섰다. 하지만 간혹 들러 대성사를 살펴보고 이런저런 이야기 나누기를 즐겨했다.

부친은 석방 이후 환인현에서의 생활이 어려워지자 더 북쪽인 유하현으로 옮겼다.

유하현 삼원보는 밀양 출신의 윤세용 윤세복 형제뿐 아니라 이회영 선생이 활동하던 본거지였다. 망명객들의 자치단체 경학사經學社와 신흥무관학교가 삼원보에 있었다. 경학사는 곳곳에 소학교를 세워 망명자의 자녀를 교육하고, 학교를 졸업한 이들은 자연스럽게 신흥무관학교로 진학하여 독립군이 되는 추세였다.

1920년 8월 2일자 동아일보에 실린 기사는 당시 사정을 이렇게 전한다. ‘봉천성 삼원보에 한민족의 자치국奉天省三源堡에 韓民族의 自治國’이란 기사이다.

“사면에 푸른 산과 맑은 물이 흐르는 곳에 오년 이래 이천호의 조선민족이 모여 한족회가 다스리며 소·중학교의 교육까지, 완연히 하나의 작은 한나라를 일궜다."

기사 내용은 삼원보 일대가 조선인의 작은 나라가 됐다는
것으로, 이미 그곳에 행정과 경제 등의 기본 체제와 기반 시
설을 갖추고 일제에 맞서 자치를 이루고 있다는 내용이다.
한동안 편한 듯했으나 이곳 또한 일본군의 진격과 감시로
위태로운 상황이 되었다. 독립단 임원 출신이라 대성사 가족
에 대한 압박과 감시는 더욱 깊어졌다.
대성사의 모친은 생전에 당신이 겪었던 고난의 세월을 자
주 말하곤 했다.

"나라를 잃은 국치도 겪었고, 만주 땅에서 독립을 위해 싸
우는 모습도 보았다. 더할 나위 없이 어려운 세월을 견뎌야
했다.
주변에서 도우러 나설 수도 없을 정도로 압박과 감시가 깊
었던 시절도 있었다. 그렇다 해도 못 버틸 어려움은 아니었
다. 반드시 조선이 독립된다는 의지가 있었기 때문이다."

만주에서 일가족은 다시 길을 떠났으니, 일제의 눈길이 미
치지 못하는 내몽골로 떠났다. 만주에서 무장투쟁을 하던

독립군의 식솔 일부가 내몽골로 떠나는 길에 함께 나선 것이다.

대성사는 당시 내몽골의 사정을 종종 회고했는데, 그때까지 겪었던 어려움은 전초전에 불과했다고 한다. 지붕과 담이라도 있던 만주의 집과 달리 일본군을 피해 온 내몽골에는 허허벌판 눈 닿는 곳이라고는 가없는 초원뿐이었다. 그 가릴 곳 없는 대지에 파오라고 하는 몽골식 천막을 치고 살았는데, 생전 처음 쳐보는 천막이라 제대로 땅에 고정될 리가 없었다.

대성사는 그때의 어려움을 이렇게 회고했다.

"바람이 불면 날아갈 것 같고, 어쩌다 비가 내리면 천막이 무너져 내렸다. 천막이 찢어지면 짐승들도 들고 나기를 한 데와 다를 바 없었다. 또 바람이 불면 천막 대부분이 찢어졌다.

남들은 그럭저럭 천막을 치고 버텼는데, 생전 천막이라고는 구경조차 하지 못해 번번이 실패했고, 나중에는 남아나질 않아서 버틸 도리가 없었다."

도저히 견디고 버틸 수 없는 지경이 되자 대성사의 가족은 결단을 내린다.

"어떤 어려움도 이곳에서 버티려 했는데, 이제는 도리가 없다. 나는 차라리 고향으로 돌아가려 한다. 그곳에서 후일을 도모하고 가족의 안녕이라도 도모해야겠다. 너희 생각은 어떠하냐?"

부친의 비장한 이야기에 누구도 다른 이야기를 할 수 없었다. 대성사 형제는 이곳에서 때를 기다리다가 독립군이 되어 일본군과 싸워 조국 광복을 자신의 손으로 이루겠다는 꿈을 잠시 접어야 했다. 대성사는 만주땅으로 반드시 돌아오겠다고 마음먹었다.

일제 치하를 피해 독립을 위해 싸우기로 작심하고 망명길을 나섰었는데, 이제 만주 일대도 일제 치하에 놓일 지경이 됐으니 차라리 고향으로 돌아가기로 한 것이다.

처음 망명길을 나설 때는 네 식구였으나 서간도 땅에서 대성사 밑으로 여동생 둘이 더 태어나 이제는 모두 여섯 식구가 됐다. 고향을 떠날 때는 재산을 처분하여 넉넉하였다. 하지만 그 재산을 독립을 위해 바치고 곡절을 겪으면서 가세는 바닥으로 가라앉았다. 함께 끌려가 고초를 겪은 큰아들의 건강도 회복되지 않았다. 수중엔 여비 한 닢 남아 있지 않았다.

고향으로 돌아가겠다는 결심을 한 후 주변 사람들이 대성사 가족을 위해 백방으로 나섰다. 서만주 땅에서 자신이 가진 모든 것을 바쳐 동포와 독립을 위해 헌신한 모습을 생생히 보아서 알고 있었기 때문이다. 돈이 있는 이들은 돈 한 푼을 보태고, 그마저 없는 이들은 옥수수라도 한 됫박을 더해 귀국 채비를 도왔다.

귀국길은 힘겨웠다. 망명길은 조국 독립의 꿈을 갖고 기꺼이 고난의 투쟁에 발을 딛은 것이었으나 돌아가는 길은 그 꿈을 미루고 현실을 받아들이기로 한 것이기 때문이다. 그래도 대성사 부모는 의젓하게 자란 자식들을 보며 미래를 믿기로 했다. 1922년경의 일이다.

대성사 가족이 다시 돌아온 곳은 밀양읍에서 남쪽으로 낙동강변에 자리잡은 하남면 백산리라는 곳이다. 밀양강이 완만히 흐르다가 낙동강과 합쳐지고, 인근의 삼랑진과 진영에서 더 나아가 김해와 부산으로 이어지는, 교통과 물자가 오가는 상업의 요지이다.

백산은 영남 일대에서 가장 넓고 비옥한 진영평야의 중심에 있다. 장터는 활발하고 인근 삼랑진, 마산, 창원, 진해, 김해와 부산에서까지 장꾼들이 몰려와 늘 활기차고 풍요로운 마을이다. 대성사 가족은 외가에서 장만해준 백산리 676번지에 머물게 된다.

하남면 백산의 1930년대 전경 _대성사 촬영

　집터는 넓었으며 하남의 중심지에 자리하고 있었다. 남쪽
으로 낙동강이 흐르고 동쪽 편에는 밀양강이 흘렀다. 집에서
잠깐 길어 나가면 낙동강이 보이고, 강 건너 진영쪽 모래톱
이 섬을 이루고 있는 평화로운 풍광과 만나게 된다. 모든 일
은 순조롭고 살림은 풍족하며 오직 평안한 날이 이어지기를
기대했다.

　어느 날 부친이 대성사를 불렀다.

　"집안일을 돕는 것도 좋으나 이젠 학교에 갈 때가 됐다."

　"일본인이 세운 학교에서 그들로부터 배울 수 없습니다."

　"대구에 지사들이 뜻을 모아 학교를 세웠단다. 그러니 일본인들에게 머리를 조아리지 않아도 배울 수 있게 됐다. 너도 그곳에서 공부할 준비를 하거라."

서간도 유하현에서 소학교를 마친 후 마땅히 배움을 계속할 기회가 없었다. 백산으로 돌아와서도 왜인들의 학교에 갈수 없어 집안에서 고서를 읽거나 지인들로부터 책을 구해 읽는 일로 지식에 대한 갈증을 풀 수밖에 없었다. 대체로 밀양일대의 책이란 책은 모두 읽었다고 전한다. 당시 한학 서적과 불경은 물론이고 활자가 찍힌 책이라면 무엇이건 구해 읽던 시절이다.

그런 차에 진학할 수 있다는 소식은 대성사에게 새로운 세상으로 나가는 길목이 됐다. 대성사 부친은 '사람은 마땅히 배워야 하고 배움을 통해 자신의 쓸모를 깨닫게 된다'는 지론이 있었다.

1924년 대구에 중등교육기관인 교남학교嶠南學校가 문을 열었다. 애국지사 홍주일 등이 대구 남산동에 학교를 연 것이다. 학교가 문을 열었다는 소식이 알려지자 경상도 일원에서 600여 명의 학생들이 몰렸다. 대부분 일본 학교를 다니지 않은 강골의 학생들이었다. 교풍은 당연히 반일 민족주의의 색채가 짙었다. 당시 대구에 유일한 민족 학교였기에 제대로 된 중등교육을 받을 수 있다는 기대가 컸다.

교남학교의 전신은 민족주의 강습을 하던 우헌서루와 그 맥을 이은 교남학원, 후신은 지금의 대구 대륜고등학교이다. 1921년 9월 우헌서루 한 편에서 교남학원으로 문을 열었고, 대구교남학교가 된 것은 1924년 5월 21일의 일이다. '교남'은 문경새재 남쪽, 옛 경상도를 일컫는 이름이다. 대성사는 1924년 5월 대구 교남학교 고등과에 진학했다.

당시 대성사의 정신적 태도를 보여주는 일화가 전해지는데, 학생들이 모두 신식 교복을 입을 때 대성사만이 한복 두루마기를 입고 학교를 다녔다고 한다. 마음속 민족의식을 잃지 않은 기개를 그대로 드러낸 것이다.

남산동 대구 교남학교는 사립일본어학교를 인수하여 문을 열었다. 단층 벽돌 건물을 교사로 쓰고 당시 기준으로는 제법 교육환경이 좋았으며 선생님들에 대한 평판도 좋은 편이었다.

지금의 고등학교에 해당하는 교남학교 고등부의 교육과정은 4년. 교과는 수신과 조선어, 한문, 수학 등이 필수였고 상업과 이과 등을 함께 배울 수 있었다. 고등부를 졸업하면 대학이나 사범학교를 진학할 수 있었다. 당시는 보통학교 졸업으로 학업을 마치는 일이 대부분인 터라 고등부를 졸업한 이들은 고학력의 지식인 대우를 받았다.

당시 대성사의 집안 형편은 고등교육기관으로 진학할 처지가 되지 못했다. 졸업과 동시에 하루라도 빨리 세상으로 나아가 일을 해야 할 처지였다.

1927년 대구 교남학교를 졸업한 대성사는 그해 6월 17일 금요일, 음력 5월 18일 정묘년 병오월 임오일 丁卯年 丙午月 壬午日에 혼례를 치룬다. 대성사의 나이 21세 때의 일이다. 신부는 진주 강씨 집안의 강숙이姜淑伊, 불명은 금강관金剛觀으로 양가는 대성사 가족이 만주에 있을 때부터 집안끼리 혼담이 오고 갔으나 부친의 옥고와 여러 사정으로 성사되지 못하였고 결국 수년이 지난 후에 기약이 이루어진 것이다. 주변에서는 천생연분이라는 덕담이 이어졌다.

혼례는 처가 마당에서 전통예법에 따라 행해졌다. 강숙이의 집은 대성사의 집에서 길을 따라 북쪽 밀양읍 방면으로 걸어 한 시간 남짓 떨어진 상남면 평촌리. 상남면은 경남에서 손꼽히는 양잠마을로, 금강관은 어려서부터 누에를 치고 비단을 짜며 옷을 만드는 일을 배워 가사를 돕고 집안일을 도왔다.

그 시절 여인들의 보통의 삶처럼 어려서는 부모를 따르고, 혼례를 치르면 남편을 섬기고, 자식을 기르며 집안의 화목과 번성을 이루는 것을 가장 큰 덕목으로 여겼다.

신랑 신부는 그날 처음 얼굴을 보고 절을 함으로써 부부가
되었다. 신부집에서 초례를 치르고 신랑 신부는 말과 가마를
타고 백산리 집으로 돌아왔다. 백산리에서 상례대로 시부모
와 시조모를 2년 동안 모시고 시집살이를 한 후 분가하였다.

분가한 다음해에 아들을 낳았으니 백훈白薰 손순표이다.
자식이 태어난다는 것은 인생의 가장 큰일 중 하나이다. 자
신을 닮은 아들을 보면서
대성사는 그가 살아야 할
세상을 생각했을 것이다. 보
다 자유롭고 평화로운 세상.
그런 시대를 열어주고 싶은
열망을 가슴에 지녔을 것
이다.

대성사는 한 가정의 가장
으로 책임을 무겁게 느꼈다.
단지 생활과 생존의 문제가
아니라 어떻게 살아야 하며
어떤 가정을 꾸려야 할 것
인지를 깊이 고민하게 된다.

부부로서, 도반으로서 한평생을 함께 보낸 원
정 대성사와 금강관 전수 젊은 시절

다행히 금강관의 내조가 있어 세상을 향한 항해는 큰 어려움 없이 나아갈 수 있었다.

금강관은 평소 남 앞에 자신을 드러내지 않았다. 말을 많이 하지 않는 성품이고, 감정을 드러내는 일이 없었다. 묵연히 대성사를 소리 없이 지켰는데, 몇 가지 사실에서 성품을 짐작할 수 있다.

대성사를 기억하는 이들이 공통적으로 꼽는 특징이 있다. 언제나 입고 먹는 일을 절제하고 정갈히 한 점이다. 끼니는 간단한 찬 몇 가지의 소박한 상차림에 밥은 늘 일곱 숟가락을 넘지 않았다. 넘치게 먹지 않았다.

인간 육신을 지배하는 욕망 중 식욕과 수면욕은 겉으로 그 사람의 내면을 드러내는 강렬한 징표이다. 정해진 시간이 아니면 눕지 않았고 때가 되어 끼니를 들 때면 과식하거나 먹을 것을 탐닉하지 않았다. 일체 간식을 찾지 않았을 뿐 아니라 때가 아니면 먹지 않았다.

또 한 가지는, 늘 의복을 정갈히 갖춰 입었는데, 이는 금강관의 원력 때문이다. 젊은 시절에도 철마다 새로 옷을 지어 누구 앞에 서더라도 당당한 위용을 보이도록 했다. 어린 시절부터 옷을 짓고 안 살림을 살피는 일이 몸과 마음에 배인 덕이다. 의관은 겉으로 드러난 격식이라 내면도 중요하지만 외면 또한 허투루 하지 않았다.

여름이면 덥지 않도록 삼베며 모시옷을 지어 풀을 먹이고 다림질을 하여 대성사가 경전을 옮기거나 원고를 쓸 때 불편하지 않도록 하였다. 겨울이면 솜을 넣은 누비옷을 지어 육신을 따듯하게 지킬 수 있도록 하였다. 결혼할 당시 양복 한 벌이 소 한 마리 값이 나갔다고 하는데, 교직에 있을 때 늘 철에 맞춘 양복으로 기품을 잃지 않았다. 고급 옷이 그 사람의 인품을 드러내는 것은 아니나, 언제나 흐트러지지 않는 의복으로 세상에 모습을 보인 데는 금강관의 보이지 않는 내조가 있었다.

결혼을 하고 한 가정의 가장이 되어 일가를 이끌어야 할 시기에 세상은 다시 격변의 시기를 맞는다. 1931년 일제에 의한 만주사변이 일어나고, 만주 땅엔 괴뢰국 만주국이 세워졌다.

이런 혼란스런 시기에 1936년 5월 대성사는 경남 함양군의 학교비 위원회 서기로 취직하게 된다. 맡은 일은 군 전체의 교육예산을 관리하고 집행하는 교육 관리비 담당. 오늘의 교육위원회 예산집행관에 해당하는 역할이다. 주로 함양공립농업실수학교(咸陽公立農業實修學敎, 약칭 함양농업학교)의 예산관리 업무를 담당했다.

1936년 5월 23일 함양공립농업실수학교 재직 중 함양군 교육기념회
_맨 뒷줄 왼쪽에서 여섯 번째 대성사

함양농업학교는 현재 함양중학교의 전신이다. 함양농업학교는 당시로서는 파격적인 모습으로 혁신적인 학교였다. 기와를 올린 한옥 양식의 2층 교사를 갖추고 있었고, 현대식 교과 과정을 충실히 갖춘 실력파 학교였다. 대성사는 이곳의 예산을 관리할 뿐만 아니라 간혹 학생을 직접 지도하기도 했다.

함양군은 지리산과 덕유산을 잇는 내륙의 오지로 전라도와 경상도의 경계에 걸쳐 있다. 논보다는 밭이 많고 보리가 주요 농작물이었는데 당시 함양농업학교는 경작법을 개량하여 많게는 4배의 수확량을 늘려 큰 주목을 받고 있었다. 교육 서기 생활은 비교적 평탄했고 나름 보람도 있는 일자리였다. 학생들이 성장하는 모습을 지켜보는 것도 즐겁고, 세상의 혼란 속에서 내일의 인재를 키우는 일도 가치 있는 일이었다.

가정은 평화롭고 아들은 잘 자라고 있었지만 세상은 평화롭게 유지되지 않았다. 특히 대륙의 정세는 점점 불안해졌다.

일제의 중국침략이 절정에 이르러 1937년 이른바 지나사변, 즉 중일전쟁이 일어났다. 중일전쟁 이듬해부터 일제는 국가 총동원법國家總動員法을 공포하고 한반도의 노동력과

1930년대 함양 시가 전경 _대성사 촬영

물자를 수탈하기 시작했다. 언론을 통제하는 것은 물론이고 직장 폐쇄와 노동력 동원, 식량을 비롯해서 전쟁에 필요한 물자들을 빼앗아 간 것이다.

학교에서는 일제 식민 교육이 강화됐고, 충성 어린 제국신민을 양성하라는 압박이 쉴 틈 없이 내려왔다. 일반 가정의 수저와 밥솥까지 공출이란 이름으로 약탈당했다. 집안의 가양주와 제주 담는 일까지 감시하며 식량을 약탈하는 일에 혈안이 됐다.

일제강점기 말단 행정관서인 군과 면 단위는 공출을 위해

1942년 대성사가 재직 중이던 함양농업실수교 전경 _대성사 촬영

주민을 압박하는 일을 업무로 삼았다. 대성사는 공출을 독려하는 업무와는 관련 없는 교육예산과 교육업무를 담당하고 있었지만, 심적 부담을 떨칠 수 없었다. 군의 서기로 일하는 한 일제의 정책을 따라야 하는 복잡한 심사가 있었다.

1940년 1월 14일 조선총독부는 조선징발사무세칙을 훈령 1호로 공포하였다. 전시 동원을 위해 사람과 물자의 징용 징발에 관한 사무규정으로, 조선군사령관 또는 사단장이 필요한 것은 무엇이든 징발할 수 있도록 조선 전역의 도지사들에게 자동차와 직공 인부 등의 조사표를 작성 제출하라는 지시를 내렸다. 조선의 모든 관공서는 이에 따라 징발 가능한 인원과 물자를 파악하여 보고하도록 하였는데, 여기에는 학생들까지 그 대상이 되었다.

이 훈령에 따라 각 지역에서 징발된 인력은 보국대, 정신대 등의 이름으로 끌려가 전쟁을 위한 강제 노역으로 혹사를 당했다. 홋카이도의 광산부터 군수공장까지 조선의 청장년들은 명분 없는 전쟁 노예가 될 수밖에 없었다. 이런 일을 지켜보던 대성사는 마침내 결단을 내려야 했다.

며칠을 고민한 끝에 대성사는 금강관을 불렀다.

"내 긴히 상의할 일이 있소."

"어떤 일입니까?"

"더 이상 군 서기 일을 못할 것 같소."

"특별한 일이 생겼나요?"

"그런 것은 아니고 정세가 심상치 않소. 조선 땅의 물자들을 파악하고 있고, 징발할 수 있는 인력은 학생이라도 모조리 잡아갈 셈이오."

"무엇 때문일까요?"

"아마도 곧 큰 전쟁을 벌일 것 같소. 교육비 위원회에도 학교 물자나 인원 징발을 준비하라는 언질이 있으니, 곧 일본

1936년 함양군청 동료들과 함께 _두루마기를 입은 대성사

인을 대신해서 조선 학생들을 전쟁에 끌어들이는 일을 할 수
도 있겠는데 그건 차마 할 수 없는 일이오."

"그럼 어쩌시겠습니까?"

"군청 일을 그만두고 다른 일을 찾아야겠소."

"생각해두신 일이라도 있습니까?"

"당장 일을 그만두면 징용 대상이 될 수도 있을 터이니, 멀
리 떠나는 것이 좋을 것 같소만……"

잠깐 동안 침묵이 흐른 후 금강관은 고개를 끄덕였다.

"그것이 옳은 길이라면 그리 해야겠지요."

결국 대성사는 일제의 지시에 순응하지 않고 2월 8일자로
사직서를 제출하여 군 교육비 위원회 서기 직을 사임했다.
세상살이는 쉽지 않을지언정 일제의 전쟁정책을 이끄는 앞
잡이가 될 수는 없었기 때문이다.

부모에게 배운 대로 세상 이치 속에서 익힌 인간다운 삶의
길을 따라서, 일제의 손발이 되어 동포를 수탈하지 않겠다고
결심한 것이다. 다시 광야에 서는 심정으로 신념을 굽히지
않는 대신 현실의 어려움을 받아들이기로 한 것이다. 자신의
뜻으로 내일을 결정할 수 없다면 그것은 노예의 삶이며, 하
루하루 두려움에 사로잡혀 살 수는 없는 일이었다.

1941년 하남면 직원 동료들과 함께 _맨 뒤 정중앙 대성사

대성사는 가족을 이끌고 또 다른 운명의 길을 걷기로 했다.

군 서기를 그만두고 대성사가 눈을 돌린 곳은 북만주 하얼빈(哈爾濱). 당시에는 할빈 또는 하르빈, 하루빈 등으로 부르던 곳이다. 이곳 역시 우리 민족과 깊은 인연이 서린 곳이다. 고구려의 옛 영토이며 발해의 땅이었던 곳. 안중근 의사가 이토 히루부미를 저격한 곳이며, 대흥안령 일대에서 시베리아의 얼음바람을 온몸으로 견디며 독립군들이 투쟁하던 땅이기도 했다.

19세기 초까지만 해도 러시아인들이 도시의 주인이었지만 러시아 혁명과 러일전쟁 이후 판세는 바뀌었다. 서양인들이 몰려와 작은 유럽을 이루어 동양의 파리라는 별명을 얻었다. 공장과 은행, 회사 등이 줄이어 문을 열면서 북만주의 중심도시로 바뀌었다. 일제가 점령한 곳 중 일본과는 북쪽으로 가장 멀리 있는 땅이었다.

일제는 만주 지배를 굳건히 하기 위해 일본인과 조선인 이주정책을 폈다. 일본인들은 일확천금의 기회를 잡기 위해 만주로 갔는데 대략 150만 명 이상이 만주 일대에서 터전을 잡았다.

조선인들은 대부분 일제의 수탈에 의해 땅을 빼앗기고 살

대성사 가족사진. 중앙 대성사 양친, 맨 왼쪽 대성사, 맨 오른쪽 아내 금강관 전수

길을 찾아 만주로 건너가고 있었다. 약 100만 명 정도가 만주 땅으로 넘어갔다고 한다.

대성사 가족이 서간도로 망명할 때는 총을 들고 독립운동을 하기 위해서였지만, 다시 만주로 눈을 돌린 것은 한반도에 대한 일제의 압박이 점차 심해졌기 때문이었다. 어차피 불령선인不逞鮮人으로 낙인찍혀 있었고, 공출과 인력 징발로 일제의 앞잡이가 되지 않기 위해서는 탈출구가 필요했다. 만주는 그 압력을 덜 받는 곳이기도 했다. 한 가족의 가장으로 생계를 책임지고 세상에서 의미 있는 일을 하기 위해서 만주

1938년 6월 30일 대성사

는 새로운 기회와 번영의 매력이 있는 땅이었다.

만주국이 세워진 후 1932년부터 일본군이 진주하면서 조선인들의 하얼빈 진출도 잦아졌다. 대성사 가족이 이주한 시기인 1940년 하얼빈의 대략적인 인구는 만주국 수립 후 40만을 돌파한 뒤 60만 명이 넘어서고 있는 대도시였다.

그중 조선인들은 10만 명이 넘는 규모로 민족 구성비가 적지 않았다. 그만큼 정착하기에 쉬운 편이고, 업을 도모하기에도 어렵지 않으리라는 점을 고려했다.

하얼빈은 서양의 문물과 유럽의 패션이 가장 먼저 유입되는 번영과 기회의 땅이었다. 조선인들이 점점 증가하면서

1940년에는 조선인 중학교가 문을 열었다. 부산에서 기차를 타면 봉천과 만주국 수도 신경까지 급행열차가 달렸다. 경성과 하얼빈은 직통 전화가 개통돼 더욱 가깝게 다가왔다. 동아일보 등 국내 신문사도 하얼빈에 지국을 개설하여 매일 새로운 소식을 전하고 있었다.

그런 흐름을 타고 1940년대가 되자 조선 땅에 하얼빈 바람이 크게 불었다. 대중가요와 문학작품에 하얼빈이 무대로 자주 등장했다. 당시 신문과 잡지에는 하얼빈 기행 기사가 유행처럼 실렸다.

가수 김선영은 '할빈 여수旅愁'라는 노래를 발표해 인기를 끌었고, 진방남은 '꽃마차'에서 "노래하자 하르빈 춤추는 하르빈"을 노래했다. 이난영은 1942년 '하르빈 차방(哈爾濱 茶房)'이란 노래를 불러 크게 히트했다.

노랫말에서 하얼빈은 "푸른 꿈이 있는 희망의 땅"이라 그려지고 있다. 이런 가삿말처럼 하얼빈은 당시 조선인들에게 큰 희망의 땅으로 다가왔다.

하얼빈으로 가는 길은 대성사가 어린 나이에 걸어서 떠났던 망명길과는 달랐다. 단촐히 꾸린 짐과 함께 기차를 타고 경성역으로 가서 만주행 급행열차 '노조미'를 타고 개성 – 평양 – 신의주를 거쳐 두만강을 건너고, 만주국 수도 신경에

도착할 수 있다. 그곳에서 다시 특급열차 '아세아'로 갈아타고 목적지인 하얼빈으로 간다는 계획을 세웠다.

걸어서 몇 달이 걸렸던 옛길과는 확연히 달라졌다. 일본말로 희망을 뜻하는 '노조미'와 '아세아'는 만주철도의 자랑거리였다. 당시 최고의 기술로 만들었던 특급 고속철도가 한반도에서 출발해 국경 도시 하얼빈까지 이어진 것이다. 가족을 이끌고 조국 땅을 떠나는 것은 마음 아픈 사건이었지만, 그 앞날에 희망이 있기를 바랐을 것이다.

부부는 미지의 내일에 대한 설레임과 걱정으로, 어린 아들은 차창 밖으로 스쳐 지나가는 풍경이 신기하여 지루할 틈 없이 하얼빈에 닿았다.

하얼빈은 추운 곳이다. 봄이 오는 듯싶으면 잠깐 여름이 스쳐가고 곧장 겨울이 시작되었다. 9월이 되면 도시는 석탄 때는 냄새와 연기로 뒤덮였다. 사람들은 자연히 외투 깃을 세워 바람을 피해 종종걸음으로 걸어야 했다. 밀양과는 전혀 다른 기후와 풍토, 낯선 문화가 있었다.

대성사가 하얼빈에 자리를 잡고 얻은 일자리는 하얼빈 지방법원 소속 대서 업무. 관청에서 익힌 행정업무로 법원을 드나드는 사람들을 돕는 일이었다. 1940년 12월 18일부터 업무를 시작했다.

만주국에는 최고법원 아래로 5곳의 고등법원과 그에 딸린 25곳의 지방법원이 있었다. 그리고 하얼빈에는 고등법원과 지방법원이 함께 있어 법원 업무가 많았다. 사람들은 갖가지 송사에 시달려도 법에 대한 지식이 없어 손해를 입는 일이 잦았다. 그들을 대신해서 법원 서류를 쓰거나 간단한 법률 상담을 하는 일은 나름 보람도 있었고 수입도 나쁘지 않은 편이었다.

하얼빈의 중심은 안중근 의사가 이토 히로부미를 저격한 하얼빈역이다. 작은 어촌 마을이 만주철도 종착역이 되면서 도시로 된 터라 역은 하얼빈에서 각별한 의미를 가졌다. 도시 옆을 흐르는 쑹화강(송화강, 松花江)엔 최신식 기관선들이 줄지어 정박해 있고, 강가에는 붉은 돛을 단 홍선이 물고기며 생필품 등을 부지런히 싣고 하역하고 있었다. 시절의 사정을 제하고 본다면 한 없이 평화롭고 활기차며 현대적인 도시가 하얼빈이었다.

법원은 신시가지인 난강(南崗)지구에 있었다. 난강지구는 새로 조성된 신시가지였다. 새로 길을 낸 계획도시로 반듯반듯한 길이 바둑판처럼 나 있는 곳이다. 난강구에는 호텔과 병원을 비롯해 각종 관공서와 업무 관련 시설들이 들어서 있었다.

도심을 관통하는 완만한 언덕길 회하로淮河路가 송화강까지 일직선으로 이어졌다. 그 길을 따라 최신 상품을 파는 백화점과 우체국, 은행과 함께 각종 관공서들이 들어서 있었다. 하얼빈에서 난강지구는 가장 번화하고 화려하며 이국풍이다. 현재 하얼빈시 난강구 인민법원은 당시의 위치와 모습을 그대로 간직하고 있다. 법원은 회하로의 중심에 자리 잡고 있다.

군 교육 관계 업무로 행정업무를 담당했던 경험은 법원 업무를 하는 데 큰 도움이 됐다. 당시에는 글을 모르는 이들도 많았고, 이들은 행정관계나 법을 몰라 손해를 보게 되는 일이 많았다. 그런 이들에게 대성사의 지식과 경험은 크게 도움이 되었다.

전쟁의 기운은 북만주 하얼빈까지도 몰려들었다. 1941년 11월 12일자 부산일보에는 '반도의용대 하얼빈 도착. 만선일여滿鮮一如를 실현'이란 기사가 실렸는데, 근로정신대로 징발한 조선 청소년 150명이 하얼빈시에 도착했다는 내용이다. 조선 각지에서 청소년부터 장년에 이르기까지 인력을 모아 전쟁에 필요한 강제 노동력을 수급하여 접적 지역인 러시아 국경지대까지 끌고 간 것이다.

대성사는 이곳에 근무하면서 유럽의 최신 유행뿐 아니라

1944년 귀국 전 하얼빈에서 동료들과 _맨 오른쪽 대성사

단파라디오
_대성사 유품

혁명 후 소련의 사정 등 세계정세를 민감하게 듣고 파악하게 된다. 이 시절부터 세상이 돌아가는 사정에 관심을 기울였다. 늘 단파라디오를 지니고 세계 각국의 방송을 듣는 습관이 생겼다. 이후 평생 아침에 눈 뜨면 자연스럽게 라디오를 켜고 뉴스를 들으며 세상사 기운과 이치가 운행하는 사정에 귀를 기울여 지켜보았다.

법원 대서 업무를 한 기간은 그다지 길지 않았다. 이듬해인 1941년 상당한 재력을 갖춘 대성사의 인척이 북만주에서 사업을 함께 하자고 제안했기 때문이다. 일제의 군수물자 징발에 식량은 우선순위였다. 곡식 값은 계속해서 오르고 있었다. 인척은 만주 사정에 밝고 업무 처리가 꼼꼼하여 빈틈없으며 직원들을 잘 통솔하는 대성사에게 정미소를 함께 경영하자고 제의했다.

정미소를 운용하는 데는 많은 자금이 필요한데 이보다 더 큰 문제는 만주국의 허가를 얻어내는 일이었다. 행정처리와 관청 일에 밝은 대성사가 나서서 이 문제를 해결하고 자본은 인척이 대기로 했다. 적합한 곳을 찾아 결정한 위치는 하얼빈 시내에서 동남쪽으로 150여 킬로미터 떨어진 주하(珠河, 주허)란 곳이었다.

주하현은 일본 패망 후 중국 항일영웅 조상지(趙尙志, 자오상즈)를 기려 상즈시(尙志市)로 이름을 바꿨다. 하얼빈시 행정구역에 속한 곳이다. 우리로 치면 서울과 붙어 있는 과천

중국 주하현을 편력하시던 시절 친우들과 함께 _가운데 대성사

과 같은 셈이다.

주하현은 아시아에서 가장 큰 스키장이 있는 곳으로 겨울이면 휴양과 여가를 즐기는 명소이다. 게다가 위치가 하얼빈시와 목단강시木丹江市 사이에 있어서 교통과 교역의 길목이다. 한마디로 정미소를 경영하기에는 더할 바 없이 적합한 곳이다.

정미소 문을 열자 대성사의 빠른 일처리와 공정한 업무처리는 일대의 상인들과 동업자들에게 깊은 인상을 남겼다. 1941년 10월 대성사는 주하현 정미소 업자들의 조합인 도정조합의 이사장으로 뽑혔다. 그 다음해에는 주하현 미곡배급조합의 이사장으로 선출되었다.

1940년부터 일제는 공출제도를 만들어 생산된 양곡을 모두 빼앗고 식량으로 잡곡과 대두박 등 사료를 대신 지급하기 시작했다. 만주 일대도 사정은 다르지 않아 쌀은 철저한 통제를 받았다. 식량배급제는 일본인들은 쌀로 배급하고, 조선인에게는 쌀 35퍼센트에 좁쌀 65퍼센트를 섞어서 배급했다. 이 문제는 조선인들에게 큰 저항을 일으켰다. 말로는 내선일체內鮮一體를 주장하지만 실제로는 조선인과 일본인에 대한 차별이 식량과 징용 등에서 크게 드러나고 있었다.

반일의 기미가 커지자 일제는 만주의 수도인 신경과 하얼빈 등 대도시 지역 조선인들에게도 식량 전부를 쌀로 지급하기로 했다. 자칫 폭동이라도 일으킬 분위기였기 때문이다. 일본의 유화적인 태도는 점점 중요해진 징용과 징병 거부를 무마하기 위해서였다.

이런 정황 때문에 도정조합과 배급조합에 주목과 감시의 눈길이 쏠리는 것은 당연했다. 쌀값이 오를 대로 오르고 있고, 배급에 대한 불만은 커져 갔으므로 공명정대하게 일처리를 하지 않으면 세상 모두로부터 원망을 살 수 있기 때문이다. 대성사의 성품은 이런 불만과 의심을 충분히 잠재워 주하현에서 쌀 배급과 관련된 항의는 없었다. 공과 사를 엄격히 구분하고, 사익보다는 대의를 따르는 것이 대성사 가문의 가풍이었다. 그런 가풍대로 공과 사를 철저히 지켜 정미소 경영과 조합 업무를 처리해 갔다.

사업은 잘 되어 입고 먹을 걱정은 하지 않아도 되었다. 세상 사람과도 원만하게 지냈으며 나름 존경도 받고 있었다. 세상은 다시 한 번 커다란 폭풍을 앞두고 있었지만, 대성사 가족은 잠깐이나마 풍족하고 평화로운 시절을 보내고 있었다.

이때부터 대성사는 종교, 특히 불교에 깊은 관심을 두게 된다. 당시 중국과 일본 불교계는 큰 변화를 맞고 있었다. 청이 망하고 외세의 침략을 받게 되자 중국 지식인들은 큰 혼란에 빠졌다. 새로운 세상이 열리는 상황 속에서 어떤 가치와 이념을 추구해야 할지 시대적인 고민을 한 것이다.

과거의 유교 사상은 더는 빛이 되지 못했고, 물질 중심의 서구사상과 철학은 아직 설익어 보였다. 이 때문에 불교에 주목하는 이들이 늘고 있었다. 대표적으로 양문회楊文會 등이 열어간 불교의 새로운 길은 대성사를 사로잡았다.

그들은 산중불교에서 벗어나 거사 중심의 생활불교를 주창했다. 일반인들이 읽을 수 있는 경전을 출판했으며, 불교를 알아들을 수 있는 현실적인 언어로 전하기 시작했다. 이런 추세는 하얼빈의 대성사도 깊이 주목하고 있었다. 당시 중국어로 출간되기 시작한 새로운 흐름의 불교 서적과 불경을 구해 탐구하기 시작했다. 시대는 새로운 이념과 사상, 옛것과는 다른 길을 요구했다.

일본도 불교가 새로운 사조의 물꼬를 터뜨렸다. 특히 1930년 교육자들이 모여 만든 법화종 계통의 창가교육학회創價教育學會는 불교계가 침략전쟁과 식민지 정책을 지지하는 점을 반대하여 법화경 중심의 새로운 재가불교 운동을 일으키고 있었다.

중국과 일본 모두 승단 중심의 불교계에 비추어 재가자들의 수행과 실천을 주장했다. 대성사는 이런 시대의 요구를 주시하면서, 그들이 펴낸 책과 경전을 모으고 공부하며 다가올 미래를 준비하고 있었다. 읽고 받아들이고 마음에 새긴 경전과 강론이 산을 이루고 지혜는 바다처럼 모여 후일의 기반이 되었다. 그처럼 하얼빈 시절은 밀교의 가르침으로 세상에 길을 전하기 위해 반드시 거쳐야 할 관문의 역할을 하였다.

대성사는 불교를 비롯한 모든 종교와 철학에 관심을 기울이고 수시로 기록했다. _생전 노트

귀국

달도 차면 기울고, 붉은 꽃은 바람 앞에 떨어질 운명을 피하지 못한다. 일본제국주의는 가득 차올랐다가 기울어가는 시간을 맞았다. 제국의 영토가 점점 넓어지고 전선이 확장될수록 승리의 기쁨보다 패망의 두려움이 더 짙어갔다. 1941년 12월 8일 진주만 급습으로 태평양 전쟁이 일어나면서 전쟁은 일본이 그리던 방향과는 크게 어긋나기 시작했다.

전선은 팽창되고 일본군은 광기에 가까운 만행을 곳곳에서 저질렀다. 중국 난징 대학살과 관동군 731부대의 생체 실험과 학살. 싱가포르의 학살과 베트남의 식량 강탈로 인한 대규모 아사 사태 등. 대성사는 단파방송을 통해 이런 소식들을 생생히 듣고 있었다.

당시 만주지역은 각종 정치사상과 이념의 용광로였다. 러시아 혁명의 성공으로 공산주의가 널리 퍼져 조선인 사이에도 공산주의 신봉자들이 급격히 늘었다. 반공노선은 만주국의 발등에 떨어진 불이 되었다. 무정부주의자뿐 아니라 공화주의자, 왕정복고주의자들까지. 유물론과 유심론, 서구의 철학과 과학, 사상이 거침없이 쏟아져 들어왔고 대성사는 그런 이념과 사상의 세례를 냉철히 경험할 수 있었다.

그중에서 종교는 대성사가 깊이 관심을 기울인 대상이었다. 종교의 심성에는 세상의 고통을 구원하고 살아서 혹은 사후에라도 낙원을 이루려는 이념이 깔려 있다. 전쟁의 참화와 일제의 악행을 지켜보면서 세상의 모순과 불합리를 해소할 수 있는 길을 종교 속에서 찾게 된 것은 자연스런 일이었다. 이 시기 대성사는 각종 종교 관련 경전과 문헌을 구해 탐구하였다고 전한다.

만주족의 기본적인 신앙은 샤머니즘이다. 무당이 하늘의 뜻을 묻고 전하는 원초적인 정령신앙이 믿음의 근간을 이루고, 이는 우리 민족의 무천신앙과도 일맥상통한다. 하얼빈은 서양과 러시아의 영향을 많이 받았던 터라 개신교와 러시아 정교, 가톨릭이 터를 잡고 있었다. 한 가지 특이한 점은 하얼빈에 유대인 거주구역이 있어서 동양에서는 보기 드물게 유대교의 활동도 활발했다.

일제의 침략으로 인해 천리교天理教, 금광교金光教, 어악교御嶽教 등 교도(神道) 계열 종교가 만주에 들어와 일본인 사이에서 창궐했다. 불교 또한 일본의 군승과 거류민을 따라 흘러들어와 진종眞宗, 정토종淨土宗, 일련종日連宗, 진언종眞言宗이 활발하게 포교와 전법을 펼치고 있었다. 비록 제국주의적인 색채를 짙게 띠고 있었지만, 하얼빈에 진출한 일본 종단들을 통해 대성사는 다양한 경전을 접하고 교리와 수행 방법을 공부할 수 있었다.

조선인들 사이에는 단군을 신앙하는 대종교大倧敎와 동학계열의 천도교, 시천교가 활발히 활동하고 있었다. 천도교에서 파생한 원종교元宗敎는 조선을 벗어나 만주에서 더 크게 교세를 일으키고 있었다.

만주 땅에서 종교는 때때로 어렵고 황량한 시대를 건너는 길잡이가 되기도 했고, 민족의 각성으로 항일의 불씨를 살리는 독립운동의 기반이 될 때도 있었다. 여하튼 종교의 의미와 역할이 더 크게 와 닿는 시절이 열리고 있었다. 시대의 모순을 종교라는 방식으로 극복하려는 노력들이 하얼빈 일대에서도 활발했다.

반면 공산주의자들의 반종교 움직임도 거세게 일어났다. 유물론을 기반으로 '종교는 사회의 해악이며 인민의 정신을 마취하는 아편'이라는 주장을 펼쳤다. 각종 매체를 이용하여 종교를 미신으로 선전하고 과학의 적으로 돌리는 선동을 펼쳤다. 이런 깊은 혼돈 속에서 대성사는 과학과 종교에 대한 깊은 성찰을 해나갔다.

대성사는 모친의 영향으로 불심의 심지를 갖고 있었는데, 주하현에서 정미소를 하던 시절에는 자신과 시대를 돌아보며 불교를 더 깊이 공부하기 시작했다.

하얼빈에서 가장 큰 사찰은 극락사(極樂寺, 지러쓰)로 천태종 제43대 염허법사가 1924년에 창건했다. 흑룡강성에서 가장 큰 사찰로 하얼빈 지역과 인근 불자들의 불심의 중심 역할을 해낸 곳이다. 대성사가 근무했던 하얼빈 지방법원과도 가까운 곳에 있었다. 아마도 그 무렵 어떤 때 대성사는 극락사에 들러 관세음보살 전에 향 하나를 피워 올리고, 후일 진리로 세상을 밝힐 발원 하나를 세웠을지도 모를 일이다.

만주지역은 각 종교가 포교에 전력하던 곳이었다. 기독교와 불교, 민족종교들이 새로운 기반을 닦기 위해 경쟁적으로 포교를 하고 공동체를 조직하고 있었다. 불교는 인적 조직을 만드는 데는 상대적으로 취약했지만, 일본 종단을 중심으로 경전을 보급하는 문서포교가 활발했다. 특히 진종과 진언종은 참회법회와 진언수행을 활발히 펼치고 있었다.

대성사에게 만주 하얼빈과 그 인근에서 보낸 이 시절은 과학과 종교, 사상과 실천을 탐구하고 내적인 세계를 성찰하는 인연을 지은 시기라 할 수 있다. 세상이 난세가 될수록 구세의 인연은 더 깊어지는 법이다.

제국주의의 오만과 무분별한 탐욕은 결국 패망을 향해 치달았다. 하얼빈과 주하현은 소련과의 국경 지역에 위치한다. 대성사는 단파라디오를 통해 늘 연합군의 소식을 듣고 있었다. 승승장구하고 있다는 일본군의 선전과 달리 곳곳에서 연합군과의 전투에서 패하고 있다는 소식이 전파를 통해 전해졌다.

일본과 함께 주축국인 독일과 이탈리아는 유럽전선에서 연합군에게 밀리고 있었다. 일본군은 남방전선과 남태평양에서 미군에 의해 보급로가 차단되고 진격을 중단했다. 곳곳의 전선에서 밀리고, 힘겨운 전황은 승전보보다는 패전의 소식이 더 많이 들려왔다.

전쟁이 치열해지면서 사업은 오히려 호황을 누리게 된다. 식량 특히 쌀은 전시물자로 간주되어 엄격한 통제의 대상이 되었다. 식량 배급이 실시됐고, 대성사는 주하현 미곡 배급 조합을 책임지는 이사장 직책을 맡고 있었다.

잠깐 흑심을 품으면 막대한 부를 쌓을 수 있는 자리였지만 늘 공평무사하고 공심을 잃지 않는 자세로 일했기에 배급을 둘러싼 불평은 생기지 않았다. 귀국할 때까지 주하현 미곡조합과 배급조합 이사장 자리를 이견 없이 맡을 수 있었다.

전쟁 상황을 예민하게 지켜보던 대성사는 만주를 떠나야 할 시간이 됐음을 알았다. 라디오 전파를 통해 전해오는 소식이 급박했기 때문이다.

'1944년 독일군은 레닌그라드 포위전에서 패배하고 밀리기 시작했다. 연합군은 로마 인근 안치오 해안에 5만 명의 병력을 상륙시켰다. 미국 공군이 독일 베를린 공습을 시작했다. 노르망디 상륙작전으로 독일군은 결정적인 패전을 경험했다. 6월이 되자 미군과 일본군이 필리핀 인근에서 해전을 시작했고 일본군의 열세가 계속됐다. 유럽 곳곳이 연합군에 의해 해방되기 시작했다.'

이와 같은 소식들을 들으면서 대성사는 이 전쟁이 곧 일본군과 주축국의 패전으로 끝나리라는 것을 예감했다. 부부는 앞날에 대해 이야기를 나눈다.

"이제 일본이 전쟁에서 지고, 조선이 해방될 날이 곧 올 것이오."

금강관이 되물었다.

"일본이 계속 전쟁에서 이긴다고 합니다."

"그건 그들의 거짓 선전이오. 곳곳의 전투에서 지고 있고 전쟁은 곧 끝나게 될 것이오. 특히 이 지역에 소련군이 밀려 오면 돌이킬 수 없는 참극이 일어날 수도 있소."

"그럼 어떻게 해야 합니까?"

"일단 이곳 일을 정리하고 밀양으로 돌아갑시다."

"정미소와 조합일은 어떻게 하시려고……?"

"전세가 기울고 있다는 것을 주변에 조용히 알리고 있습니다. 조합일은 후임자를 찾도록 했소."

가족의 안전에 비하면 재산은 그다지 중요하지 않았다. 주변 사람들에게는 전황이 돌아가는 소식을 대충 전하고 각자 처지에 따라 상황 파악을 잘 하라 당부했다. 정미소 지분은 투자한 인척에게 넘겼다. 그에게도 너무 오래 지체하지 말고 될 수 있으면 빨리 정리하라는 당부를 남겼다.

북만주의 4월은 춥다. 겨울이 채 가지 않고 시베리아의 삭풍이 날카롭게 대지를 가른다. 봄이 곧 오리라 믿지만 옷깃을 여민 채 길을 걸어야 한다.

1944년 4월 20일. 대성사는 가족과 함께 봄이 기다리는 고향으로 귀국했다.

귀국 직후인 5월 17일부터 대성사는 생계를 위해 다시 일

자리를 찾았다. 경력을 이어 군 서기로 근무할 수 있었다. 근무 부서는 적십자사 경남위원회. 경남적십자사는 당시 조선에서 가장 활발히 활동하던 곳이었다. 1944년을 기준으로 조선 전역의 적십자 지부 중에서 가장 많은 회원이 가입된 곳이 경남위원회였다.

군 서기 신분이지만 강력히 청원해서 공출이나 징용 동원과 거리가 먼 인도적 지원 사업을 전담하는 업무를 맡았다. 적십자사가 주로 하는 업무는 홍수를 비롯한 자연재해가 일어났을 때 구호 활동을 벌이고 의료봉사 등의 활동을 지원하는 일이다. 대성사가 세상을 위해 자신의 원력을 쓸 수 있는 하나의 기회가 되었다.

전쟁의 급박한 분위기는 밀양이라고 피해갈 수 없어 일제는 평야인 상남 들판에 활주로를 만들고 미군 폭격을 피하고자 종남산 주변에 비행기 격납고를 만들었다. 평화의 들녘은 당장 전쟁의 최전방 전선으로 변했다.

농부들도 호미 대신 삽과 곡괭이를 들고 건설 현장의 인부로 끌려가 일해야 했다. 미군의 진격에 대비해 군용 시설을 밀양 곳곳에 건설했다. 밤낮을 가리지 않고 몰아붙여 지었던 시설물들이 완성되어 제대로 사용되기 전에 일본이 패망한 것도 다행스러운 일이 됐다.

1945년 5월 20일 대성사

1945년 대성사는 매일 숨죽여 듣던 단파 라디오 방송을 통해 주축국이던 이탈리아와 독일의 항복 소식을 듣고 있었다. 유럽 전선에서 승리를 거둔 미군 병력이 태평양 전쟁에 집중하여 남태평양부터 일본의 패전이 시작됐고, 일본 본토를 향해 폭격기들이 날아와 도쿄며 주요 항구들이 불바다가 되고 있다는 사실을 알고 있었다. 겉으로 승리를 장담해도 도쿄는 저항 한번 못한 채 불타고 있었다.

조선 땅에서 일본은 패전의 순간까지 자신들의 승리를 선전하고 있었으나 대성사는 전황의 정확한 향배를 알고 있던 터라 주변에 조심스럽게 전쟁이 흘러가는 소식을 전하곤 했다. 특히 자신이 맡은 일이 적십자사 관계라 전쟁 막바지의 재난을 구하는 인도적인 업무에 더 전력을 기울일 수밖에 없었다.

전세가 기울자 일제의 압박도 강해졌다. 심지어 부녀자들까지 군사훈련으로 내몰았고 쌀 한 톨 놋그릇 하나까지 공출을 명분으로 빼앗아갔다. 비행기 헌납을 빌미로 헌금을 강요하면서 전쟁에서 승승장구하고 있다는 입에 발린 선전을 내세웠다. 그러나 태평양 전선에서 일본군은 미군의 상대가 되지 못했다. 연일 전함은 침몰하고 섬은 빼앗기고 전투기엔 조종사 대신 어린 학생을 태워 돌아오지 못할 길로 떠밀고 있었다. 제정신이 아닌 전쟁의 광기에 휩싸여 대책 없는 전선을 펼쳤던 것이다.

적십자 업무를 하면서도 전해오는 전황에 귀를 떼지 않았다. 특히 태평양의 주요 격전지에서 미군이 파죽지세로 승리를 거두면서 일본군의 숨통을 조이고 있다는 소식을 들으면서 곧 일제가 망할 것이라는 확신을 가질 수 있었다. 태평양 전선에서 일본군은 더 이상 미군에 맞서지 못했다. 가공할 폭탄과 무력 앞에 고작 일본도를 빼들고 천황 만세를 외치며 무모한 돌격을 벌이다 희생될 뿐이었다.

사람뿐 아니라 국가와 집단도 한 치 앞을 내다보지 못한다. 욕심은 눈을 가리고 지혜와 자비심을 거두어간다. 일제는 멸망으로 치닫는 중에도 야욕을 멈추지 않았다. 이런 일을 통해 대성사는 세상사를 내다보는 통찰과 배움을 얻을 수 있었다.

대성사는 일제의 긴 밤이 이제 곧 끝나리라는 것을 알았다. 빛은 어둠을 물리칠 것이고, 압제의 고통은 사라지고 말 것이다. 드디어 모두의 희망대로 민족의 빛을 다시 찾은 광복의 날이 왔다.

1947년 함양군수 송별기념 사진 _두 번째 줄 오른쪽에서 다섯 번째 대성사

제2장
큰 단련의 시간

해방

조국의 광복이 왔다. 갑작스런 해방을 맞아, 한편에선 희망의 노래를 부르고 또 다른 편에선 혼란의 움직임이 있었다. 각 도시와 농촌 할 것 없이 해방을 자축하는 인파들이 몰려나와 행렬을 이루었다.

군민대회나 면민대회 등을 통해 경찰서와 행정기관을 접수하는 곳도 있었다. 악질 친일파에 대한 비난도 거세졌다. 좌와 우의 격돌이 이어지고, 더해서 친일파에 대한 단죄 요구까지 그동안 억눌렸던 소리가 한꺼번에 터져 나온 것이다.

대성사의 고향 밀양도 혼란한 상황이 벌어진 것은 마찬가지였다. 대성사는 적십자사 위원으로 군청에서 근무하여 업무가 일제의 이익을 대변하는 것이 아니었기 때문에 해방 정국에도 공직을 그대로 유지하고 있었다. 혼란 속에 구호 업무는 오히려 일거리가 늘었다.

밀양에도 인민위원회가 생겼고, 1946년 10월 대구에서 미군정의 쌀 배급 정책에 항의하는 소요사태가 일어났다. 생필품 부족과 식량 부족으로 인해 억눌린 민심이 폭발한 것이다.

대구 사태는 인근 영천으로 이어졌고, 밀양의 민심도 고요할 수 없었다. 이 사건을 계기로 합법적인 활동을 벌이던 공산당이 불법화되어 일부는 월북하고 또 일부는 산으로 들어가 빨치산의 전신인 야산대野山隊가 되어 경찰지서와 우익청년단 사무실 등을 습격하는 일이 벌어졌다.

일제의 침략과 만주의 독립전쟁, 중일전쟁과 태평양전쟁을 모두 겪은 대성사는 민심과 현실의 고난을 더 깊이 고민하게 된다. 세상은 고해이며 삿된 욕망은 고통을 더 크게 할 뿐이라는 부처님의 가르침을 현실 속에서 또렷하게 지켜본 것이다. 이때부터 불교에 대한 관심과 탐구가 더 깊어졌다. 세상을 구하는 것은 결국 인간의 마음과 수행이라는 사실을 절감한 것이다.

대한민국 정부가 들어서기 전까지 미군에 의해 치안과 행정 업무가 집행되고 있었는데, 대성사는 미군정으로부터 밀양공립농잠중학교의 행정관에 임명돼 학교 행정 업무를 전담하게 된다. 과거 공직을 시작한 것도 교육위원회의 일이었고, 혼란의 시기에 인재 양성은 새로운 조국을 위해 필요한 일이었기 때문에 기꺼이 일을 맡게 된다.

밀양공립농잠중학교는 1924년 3년제의 밀양공립농잠학교로 개교하여 해방 직후에는 중·고등학교 교과 과정을 아우르는 6년제로 변경됐고, 이후 70년대에는 전문대학으로 바뀌었다가 현재 부산대학교에 통합돼 부산대학교 밀양캠퍼스로 변경되었다. 밀양, 진주 등지는 양잠산업이 발달했는데, 밀양공립농잠학교가 영남 일대 섬유 산업의 인재를 키워내는 모태 역할을 한 것이다. 해방된 조국의 산업 기술 인재를 양성하는 벅찬 사명감과 기대에 꼭 맞는 인물로 대성사가 선발된 것이다.

밀양공립농잠중학교는 높은 교육 수준으로 인해 기술을 배우러 당시 밀양뿐 아니라 김해와 진주 등지에서도 진학하는 명문 학교였다. 그러나 시대의 조류에 따라 학생과 학교 전체는 좌익에 경도돼 있었다. 학생과 교사들까지도 이념과 사상을 드러내며 분위기를 이끌어 갔다.

이런 격동 속에서도 대성사는 중심을 잃지 않았다. 그 어떤 극단적인 길도 여의어 중도를 지키는 것이 자신의 본분이라 여겼기 때문이다. 부처님이 펼치신 중도와 정견, 치우치지 않는 바른 사유와 인욕의 가르침이 현실 속에서 더 분명해졌다.

이 시절의 대성사는 누구의 편을 들거나 이익을 좇거나 하지 않고 불편부당한 자세를 잃지 않았다고 한다. 늘 하던 대로 정확한 시간에 흐트러지지 않는 몸가짐으로 등교해서 해야 할 일을 처리했다. 덕분에 좌와 우, 학교 당국과 학생들 어느 편으로부터도 비난과 항의가 없이 학교 업무를 차질 없이 집행했다. 선택을 강요하고 나의 편에 서지 않으면 모두를 적으로 돌리던 시절에 교육 행정관으로서 자신의 할 일을 치우침 없이 처리했다. 워낙 원칙을 지키고 사사로운 정에 따라 행하지 않았기에 약간의 불만은 있었어도 원한을 사거나 크게 반발하는 일은 일어나지 않았다.

세상은 이념 투쟁과 정치적 이해의 대립으로 비명을 질렀지만, 대성사는 오히려 평화로운 시절을 보내고 있었다. 주말이면 가족을 돌보거나 표충사에 들러 불교 수행관을 깊이 연구하고 있었기 때문이다. 표충사는 임진왜란 때 자신을 던져 고해의 민중을 구하고자 했던 사명당 유정 대사를 기리는 사당이 있는 곳으로, 애국과 수행이 다르지 않다는 점을 배울 수 있는 도량이다.

하지만 개인의 평온한 시간이 주변의 불길한 분위기를 바꿀 수 없었다. 한반도를 둘러싼 운명은 점점 고난의 불씨가 커졌다. 대성사는 닥쳐올 운명의 불길을 예감한 듯 학교 업

1948년 밀양 농잠학교 재직시 _맨 앞줄 맨 왼쪽 대성사

1946년 6월 20일 해방 후 농잠학교 첫 졸업
_맨 앞줄 오른쪽에서 네 번째 대성사

무가 끝나면 불교 관련 책과 경전들을 모으고 살펴보는 일로 시간을 보냈다. 특히 참선과 명상에 깊은 시간을 보냈고, 관세음보살을 비롯한 불보살의 명호를 외는 칭명염불稱名念佛에 깊은 관심을 가지고 수행하는 일이 잦았다.

미군정이 뿌리를 내려 남한의 단독정부 수립이 가시화되자 사회는 또 한 차례 격동을 겪었다. 1948년 2월 소위 '2.7 구국투쟁'으로 전국 단위의 파업이 일어난 것이다. 소요 당일 밀양은 마침 장날이라 인파가 몰려들었다. 정치적 소요의 바탕에는 미군정에 대한 불신과 불만이 깊이 깔려 있어 소동은 급격히 번져 갔다. 밀양 농민들은 경찰지서를 공격했고 모든 행정 업무가 마비됐다.

이렇게 소요가 격해지자 밀양공립농잠학교를 비롯한 각 학교 학생들은 동맹 휴학에 참여했다. 시위에 나섰던 많은 학생이 체포되는 일이 생겼다. 교육자로서 대성사는 깊은 번민에 빠질 수밖에 없었다. 한편으로 소란을 진정시키고 또 한편으로 체포된 학생들을 보호하기 위해 나섰다.

혼란이 계속된다 하여 스승의 역할과 태도가 바뀔 수는 없는 법이다. 대성사가 후일 총지종을 창종하고 천명한 스승의 사명에서 관계를 스승과 학생으로 바꿔 살펴보면 당시의 심정을 엿볼 수 있다.

"스승은 매일 가르침이 필요한 사람들과 만나 그들을 가르치고 이끄는 가장 앞자리에서 활동하므로 그 사명이 무겁고 커서 사회와 국가의 앞날을 좌우한다.

스승은 세상의 거친 흐름과 변화에 휩쓸리지 않아야 하며, 스스로 삶의 방향과 가치관을 세워 그에 따라 생활하여 인격을 완성하고, 세상의 평판과 이해에 따라 무릎 꿇거나 흔들리지 않는 지조와 정의에 투철한 모범적인 스승이 되어야 한다."

이 모습을 당시 대성사의 삶에 비춰보면 어떻게 학생들을 이끌고 가르쳤을지 짐작할 수 있다.

대성사는 좌와 우 어느 편에도 서지 않는 공평무사함으로 교직원과 학생들의 신망을 얻고 있었다. 양극단을 여의는 불교 중도의 가르침에 깊이 공감하고 있었기에 서로를 적으로 두고 대립해서는 결코 이 난관을 해결할 수 없다는 통찰이 있었기 때문이다. 언제나 냉철함을 잃지 않고 자신이 해야 할 일을 피하지 않는 태도는 하얼빈 시대 이후 지속해온 생활의 방침이었다.

2.7 사태는 깊은 상처를 남겼다. 100여 명이 숨졌고 8,500명 이상이 체포돼 투옥되었다. 대성사의 헌신적인 노력으로

농잠 중학교 학생들의 피해는 최소로 줄일 수 있었지만, 더 큰 폭발의 시간이 다가오고 있었다. 전국적인 파업과 봉기 사태가 진정된 것도 잠깐 사이, 현대사의 비극인 제주도 4.3 사건이 벌어졌다.

시대는 피와 광기로 물들었다. 역사의 폭풍우 속에서 한 개인이 할 수 있는 일은 무엇이 있을까, 기억이 시작된 이후 대성사는 한순간도 편히 마음을 놓을 때가 없었다.

어린 걸음으로 망명길을 걸어 압록강을 건너야 했고, 독립 전쟁의 고초를 지켜봐야 했다. 나라 잃은 백성으로 고향에서 멀리 떠난 이역의 땅에서 살아야 했다. 광복된 조국은 또다시 이념으로 갈라져 서로에게 미움과 원망을 겨누고 있었다.

좌우 충돌 속에서 중심을 잡기 위해 대성사는 평소 깊은 관심을 두고 있던 불교 경전과 교리를 더 깊이 연구하게 된다. 이념의 대립과 권력투쟁을 떠난 제삼의 길, 그것을 부처님의 가르침 속에서 찾은 것이다. 하지만 세속을 떠나 산중에 홀로 수행하는 그런 불교로는 과학과 문명이 지배하는 새로운 세상의 길잡이가 되지 못한다는 점도 깊이 깨달았다.

20세기 초에 불타오른 중국의 거사 불교 운동은 대성사가 그리는 새로운 세계를 향하는 데 큰 지침이 됐다. 불교가 더 이상 산중에 머물지 않고 삶의 현장으로 나가야 한다는 주장과 실천은 시대의 대세가 되고 있었다. 대성사는 기복이나 은둔에서 벗어나 부처님의 가르침으로 세상을 구할 새로운 길을 찾은 것이다. 이념의 대립과 혼돈으로 세상이 어지러울수록 불교 경전과 책에 몰입했다.

좌우 어느 편에도 휩쓸리지 않고 학생을 대할 때는 스승의 위치를 잊지 않고, 누구나 인생의 물음을 구하려는 이에게는 답을 주었다. 밀양 인근에 대성사에 대한 소문이 조금씩 퍼져서 불교뿐 아니라 세상 돌아가는 일에 대한 해박한 지식을 갖춘 이로 평판이 자자했다.

혼란과 위기 속에도 아이는 자라 어른이 되고, 분단된 남과 북도 조금씩 나라의 꼴을 갖추어 갔다. 대성사의 외아들인 손순표도 성장해 고려대학교 상과대학에 진학했다. 대성사는 새로운 조국의 인재가 되기를 바라며 아들의 상경길을 배웅했다.

이 일이 후일 큰 파란을 일으킬 줄은 아무도 알지 못했다. 삶과 세상은 모두의 바람대로 풀리는 법은 아니라서 희망으로 시작한 일도 한없는 고통을 줄 수 있는 법이다. 인연과 인과는 깊고 묘한 법이다.

시국은 평온해 보였지만 남한의 정치 상황은 나날이 복잡

해져 갔다. 남과 북의 갈등과 긴장도 깊어졌다. 밀양에도 좌익분자를 색출하는 일이 밤낮을 가리지 않고 인간 사냥으로 이어졌다.

대성사의 고향에서도 좌익으로 체포돼 야산에서 총살당하는 일도 벌어졌다. 대성사는 공무원이자 교사로서 제자리를 지키고 있었지만, 학생과 친지들에게 엉뚱한 일이 닥칠 수도 있음을 직감했다. 당시 시류와 정국이 흘러가는 형국은 대성사가 밝힌 사물의 발전 법칙과도 흡사했다.

"좋은 인(善因)과 좋은 연(善緣)이 만나면 좋은 결과(善果)가 생긴다. 좋은 씨앗을 비옥한 땅에 심은 것과 같다.
선한 인(善因)과 악한 연(惡緣)이 만나면, 우세한 편에 따라 결과가 선할 수도 악할 수도 있다.
악한 인연이 만날 경우 당연히 악한 결과가 생긴다.
악한 인(惡因)과 선한 연(善緣)이 만날 때, 우세한 편에 따라 선과 악의 결과가 생길 수 있다."

당시의 시국이 꼭 그런 모습이었다. 서로 선을 주장하지만, 악과 만나 힘을 겨루다가 악이 되기도 하고 선이 되기도 했다. 선악의 평판이 하루아침에 갈리는 일도 잦았다. 대성사는 결국 내 안의 선한 인因을 일으켜야 하고 밖으로 착한 연緣을 만들어야 한다고 믿었다. 가족과 주변에도 이런 이치를 늘 이르고 자중하고 시류에 휩쓸려 악한 편에 서지 말 것을 당부했다.

대성사는 좌와 우의 대립을 넘은 곳에 부처님의 가르침이 있다고 보았다. 평등을 주장하는 좌의 입장과 자유를 앞세우는 우의 입지를 동시에 아우르는 길이 불교에 있다고 간파하였다. 대성사는 자유와 평등의 조화를 불교의 수행과 해탈에서 찾아냈다.

중도를 기반으로, 세상이 고정된 실체 없이 인연에 따라 일어났다가 사라진다는 이치를 이해하는 지혜로 일체 중생을 위해 자비를 베푼다면 모든 갈등이 해소되고 그것이 해탈의 길이라는 것이다. 결국 불교를 통해 모든 갈등을 해소하고 자유와 불평등의 모순이 사라지는 새로운 길과 만난 것이다.

전쟁

위태롭던 정국은 결국 전쟁이라는 파국을 맞게 된다. 광복과 분단으로 이어진 갈등의 골은 서로가 서로에게 총을 겨누는 전란의 비극을 가져왔다. 전쟁이 터졌다는 소식과 더불어 북한군은 걷잡을 수 없는 기세로 밀고 내려왔다. 남한 땅 상당수가 북한군의 점령 하에 떨어졌고, 대성사가 있는 밀양을 지척에 두고 최후의 방어선인 낙동강 전선이 펼쳐졌다. 지축을 울리는 대포소리는 밀양에서도 생생히 들을 수 있었다.

전쟁 속에서 인간은 한 없이 나약한 존재가 된다. 거칠 것 없는 폭력에 무방비로 노출되고, 때로는 적과 동지 어느 편에 설 것인지 선택을 강요받는다. 총알에는 눈이 없고, 포탄에는 동정심이 없다. 누구라도 어디서 날아올지 모르는 총탄의 두려움을 안고 견뎌야 한다. 전쟁은 세상 모든 것을 바꿔놓았다. 대성사의 인생에서 가장 큰 전기를 만든 것도 한국전쟁이다.

개인적으로 이제까지 경험하지 못했던 큰 시름이 닥쳤으니, 절망의 순간이 왔다. 외아들인 손순표의 소식이 끊긴 것이다. 당시 손순표는 고려대학교 상과대학, 지금의 경영학과에 진학하였는데 전쟁이 예고 없이 터진 탓에 미처 피난하지 못하고 행방 또한 알 수 없는 상태가 되었다. 피난 온 친지들도 손순표의 행방을 알지 못했다. 알 만한 곳에 물어도 소식은 닿지 않았고 그렇다고 적지인 서울로 찾아 나설 수도 없는 일이었다. 가슴은 타고 불안은 걷잡을 수 없이 커져 갔다.

사방에서 들리는 소문은 흉흉하기만 했다. 사상을 의심받으면 처형당한다는 이야기도 있었고, 북으로 끌려가는 이도 있었다. 더욱이 손순표는 어린 시절부터 활달하고 총명하게 자란지라 대성사와 집안에서 거는 기대는 남달랐다. 해방된 조국에서 열심히 배워 큰 인물이 되겠다는 포부도 있었다.

그런 금쪽같은 자식이 온데간데없이 행적을 알지 못하게 되자 대성사는 사방으로 소식을 묻고 또 물었다. 피난 온 이들 중 고려대학교와 조금이라도 인연이 닿을 만한 사람이 있으면 어디건 달려가 아들 소식을 들을 수 있을까 간청했다. 희망의 실낱을 한 가닥이라도 찾아 나섰지만 어디서도 아들을 보았다거나 소식을 아는 이들이 없었다.

행적은 둘째치고 생사조차 알 수 없는 상황이 계속되자 대성사 집안에서는 외아들을 위해 어떤 일이라도 하겠다고 마음먹었다. 대문을 활짝 열어 오고 가는 피난민들을 불러들여 밥이라도 한 끼 먹이며 멀리 서울과 피난 행렬의 소식을 물었다. 일부러라도 어려운 이를 찾아가 적선을 하여 티끌 같은 공덕이라도 자식의 앞길을 밝힐 수 있도록 하였다.

대성사는 금강관에게 무겁게 입을 열었다.

"자식의 생사를 알지 못하는데 어찌 밥이 입에 넘어가겠소. 오늘부터 어디든 나서서 찾아봐야겠소."

금강관 또한 이런 대성사의 마음을 헤아렸다.

덕을 베푼다는 소식을 듣고 피난민들이 몰려왔다. 이런저런 소식을 들었지만, 딱히 실마리가 될 만한 것은 찾을 수 없었다. 그러던 참에 피난민으로부터 솔깃한 소문을 들었다.

"저기 대구 밖에 용한 이가 있는데, 죽은 사람 소식이건 산 사람 소식이건 모르는 게 없다고 합니다. 생사를 못 찾는 이들 여럿 찾았다고 해요."

믿기 어려운 이야기였지만 그렇다고 무시하기에는 마음이 너무 급했다. 대성사는 한달음에 그를 찾아가 아들의 행방과 생사 여부를 물었다.

용하다는 보살은 대성사를 한참 바라보다가 무겁게 입을 열었다.

"좋은 소식은 살아 있다는 것이고, 나쁜 소식은 꼼짝 못하게 사방이 막혀 있다는 것입니다. 덕을 많이 베풀고 부처님 전에 간절하게 기도해야 합니다. 관세음보살을 일심으로 외우다 보면 머지않아 좋은 소식을 들을 수 있을 것입니다."

비록 종잡을 수 없는 말 한마디였지만 한 가닥 빛을 찾은 것 같았다.

이때부터 대성사의 일과가 달라졌다. 금강관은 새벽이면 정화수를 떠놓고 기도를 올렸고, 대성사는 관세음보살 염송하기를 정오까지 그치지 않았다. 아침상을 들일 때를 말고는 잠시도 그치지 않고 일심으로 염송할 뿐 아니라 간간히 포행할 때도 마음을 다져먹고 일념을 흐트러뜨리지 않았다.

기도를 올린 지 삼칠일이 되자 마음에 의심이 사라졌고, 무거운 먹구름이 가셨다. 비록 자식의 소식은 듣지 못했지만 마음 깊은 곳에서 확신이 생겼다. 더 이상 자식의 생사와 소식에 연연하지 않아도 된다는 기도의 감응이 있었다.

간절한 기도는 대성사를 더더욱 불법으로 이끄는 계기가 됐다. 만주에서 모았던 불교 서적들을 다시 펼쳐 부처님의 가르침을 읽고 새기기를 하루 일과의 전부로 삼았다. 관세음보살을 염송함으로써 자식뿐 아니라 이 땅에서 전쟁으로 고통 받고 희생된 모든 이를 위해 기도하기 시작했다.

대성사 가족은 물론이고 인척과 이웃도 일념으로 관세음보살을 염하는 대성사를 보고 따라 함께 기도하는 일이 늘었다.

"관세음보살 관세음보살 관세음보살……"

대성사 친인척과 그를 아는 밀양 사람들은 대성사를 보면 당연히 "나무관세음보살"을 외웠다고 한다.

낙동강까지 밀렸던 전선은 인천상륙작전으로 북상하기 시작했다. 서울이 수복되고 38선 너머로 국군과 유엔군이 진격하자 대성사는 더욱 간절히 아들의 소식이 있기를 기대했다. 서울 하숙집에 기별해도 소식을 알 수 없었고, 밀양 출신의 학생들에게 물어봐도 모두 모른다는 대답만 되풀이했다. 주변에서는 제삿날이라도 받아야 하는 것 아니냐는 말도 했지만, 대성사는 한결같이 "관세음보살"만을 외울 뿐이었다.

언제나와 같이 관세음보살을 염하던 어느 날 대성사는 잠깐 삼매에 들게 된다. 자식을 걱정하던 마음과 두려움이 오롯이 사라지고 눈에 보이는 것 들리는 것 모두가 또렷이 본래의 실상을 여실히 보여주는 순간을 맞게 된 것이다.

시간이 정지되고 세상 모든 것과 일치된 경험을 하게 된다. 이 놀라운 찰나를 맞을 때 누군가 급히 대문을 두드렸다. 이어서 금강관의 다급한 소리가 들렸다. 기다리고 기다리던 아들의 기별이 온 것이다.

한국전쟁이 터지고 서울이 급격히 인민군 치하에 들어가자 손순표는 피난 시기를 놓쳤다. 하숙집을 나와 학교로 가던 길에 인민군의 검문에 걸리게 되고 이내 의용군으로 징집됐다. 군사교육도 제대로 받지 못하고 지급된 군복과 총을 받아 인민군의 남행길에 동참했다. 개인의 의지와 이념은 이미 중요하지 않았다.

밀양 집으로 연락할 아무런 방도가 없이 다른 인민군 병사들과 함께 남으로 남으로 행군하는 뜻밖의 사태가 벌어졌다. 거칠 것 없이 남으로 향하던 인민군 행렬이 가로막힌 것은 영천 부근에서였다. 손순표는 고향 집이 가까워질수록 불안과 두려움이 커졌다.

승승장구하던 인민군 행렬에 유엔군의 폭격이 잦아졌다. 행군 도중 비행기를 피해 숨어야 하는 일이 빈번히 일어났다. 인공기 아래 통일을 이룰 것 같던 인민군은 낙동강 전선에 발이 묶였다.

소위 부산 교두보 전투 또는 낙동강 방어선 전투로 불리는 저항선이 펼쳐졌다. 1950년 8월 4일부터 9월 18일까지 낙동강을 최후의 보루로 삼은 전투가 벌어졌다. 전쟁 중 어느 곳에서도 찾아볼 수 없는 지옥이 펼쳐졌다. 포탄이 빗발치고 죽어가는 병사와 상처를 입은 이들이 뒤섞여 대지 위로 붉은 피가 강을 이루어 흘렀다. 당시 낙동강은 피아를 구분할 수 없는 피로 물들었다. 산과 들은 포탄으로 깊은 상처를 입었다.

미군과 국군의 반격으로 소강상태의 전선은 조금씩 북으로 밀려갔다. 미군은 정밀 폭격과 화력을 앞세운 막강한 전력으로 인민군을 밀어붙였다. 곳곳에서 전선이 흐트러졌고, 국군은 그 틈새를 뚫고 나갔다.

손순표의 앞에는 미군의 폭격이 덮쳤고 뒤에는 후퇴하면 총살이라는 독전대의 독설이 이어졌다. 참호 속에서 겨우 버티고 있을 때 전선은 포탄과 총탄이 빗발쳤다. 인민군 대부분은 고립된 채 전선은 고착되고 있었다. 죽음과 삶이 자신의 의지와 상관없이 우연에 의해 결정되는 순간이 온 것이다.

잠시 포격이 멎자 손순표는 밀려오는 미군의 모습을 속수무책으로 지켜보게 된다. 참호 속에 갇힌 그에게 흑인 병사는 총구를 겨누었고, 손순표는 순순히 손을 들어 투항한다. 낙동강 전선 영천 인근에서 손순표는 미 1기병사단의 포로가 됐다. 이때가 1950년 9월의 일이다.

포로가 된 손순표는 일단 거제도 포로수용소로 옮겨져 전쟁포로의 신분이 된다. 전쟁은 아직 끝나지 않았다. 포로수용소에서도 전쟁은 계속되고 있었다. 다 같은 포로 신분이었지만 남쪽 출신 북쪽 출신으로 편이 나뉘고, 이념과 신분에 따라 패가 갈렸다.

거제도 포로수용소 내부의 테러와 살육은 전쟁터보다 나을 바 없는 지옥을 만들고 있었다. 특히 1951년 7월 개성에서 휴전회담이 시작되면서 전쟁포로 문제는 가장 심각한 주제로 떠올랐다. 우여곡절을 겪은 후 포로들의 의사를 확인해 남과 북으로 송환할 것을 합의하자 수용소 내부는 더 큰 참변이 발생했다.

소위 반공포로를 막기 위해 친공 캠프에서는 날마다 사상검증과 인민재판을 벌였고, 남쪽 출신이던 손순표도 인민재판의 대상이 됐다. 남쪽 출신에다 대학생 신분으로 부르주아 반동분자로 낙인찍혀 꼼짝 없이 처형을 앞두게 됐다.

한밤중 막사의 창과 문을 모두 가린 채 인민재판이 열렸다. 사상이 의심되고 소위 출신성분이 좋지 않은 이들은 한

명씩 재판정에 섰다. 이윽고 손순표의 차례가 되자 서슬 퍼렇게 사상검증을 하던 인민군 군관은 변명의 기회도 주지 않고 곧바로 선언했다.

"이 동무는 누가 봐도 반동이오. 인민의 고혈로 호의호식한 파렴치한 적이오. 이런 적은 기회만 생기면 다시 인민을 수탈할 것이오. 더 볼 것 없이 처단해야 하지만 혹시라도 이 동무에 대해 아는 사람 있으면 말하시오."

침묵이 인민재판장을 더 무겁게 만들었다.

아무도 나서서 변론하지 않는다면 끌려가 처형될 위기가 닥쳤다. 이때 군중 속에서 누군가 손을 들고 나선 이가 있었다. 그는 밀양 출신으로 진즉 월북하여 인민군 군관이 된 이였다. 밀양에서 학창 시절을 보낼 때 대성사와 인연이 있었다.

"그자는 부르주아 출신이 아닙니다. 조부는 독립운동을 했고, 부친은 학교에서 학생들을 도왔습니다. 농민과 무산계층에게 혹독한 일을 했던 일도 없고 오히려 가난한 학생의 편을 들고 언제나 나서서 도왔습니다. 내가 아는 한 인민의 적으로 행동한 적이 없는 자입니다."

그의 말 한마디에 손순표의 운명이 갈렸다.

인과는 알지 못할 때 천사거나 악마의 얼굴로 우리에게 다가온다. 만일 그가 나서서 변론하지 않았다면 이후의 일들은 달라졌을 것이다.

1952년 봄이 되면서 전쟁은 지루한 공방전으로 피아 모두 고착된 전선에서 한 발짝도 물러서거나 나아가지 못했다. 1952년 봄과 여름을 지나면서 휴전회담이 지루하게 진행됐지만, 북으로 돌아갈 것인지 남으로 갈 것인지를 결정하는 심사가 진행되고 있었다. 그해 4월 손순표는 포로 분리수용 절차에 따라 남쪽 포로로 분류되었다.

남쪽을 선택한 포로들은 거제도를 떠나 부산, 마산, 영천, 광주, 논산 등 5개의 포로수용소로 옮겨졌다. 잔류를 막으려는 인민군 포로들의 정치공작과 압박이 이어졌지만, 운명의 줄기는 이미 되돌릴 수 없는 방향을 향해 흘러가고 있었다.

어디로 갈지 알 수 없는 상태에서 손순표는 트럭에 실려 북으로 옮겨졌다. 짐칸을 가린 천막 사이로 얼핏 보이는 것은 낙동강. 그리고 어린 시절 뛰어 놀던 고향집 앞의 강가 백사장이 보였다. 갈피를 잡지 못하던 심사가 차분해지고 안도의 숨을 내쉴 수 있었다.

영천수용소, 미군 명칭 '시아이 캠프4'는 1952년 8월 급조하여 시설이 열악했다. 그래도 영천행이 결정된 포로들은 북으로 송환될 위기를 넘겼다는 안도가 있었다. 휴전협정의 조인이 남아 있지만, 영천의 포로들은 남쪽에 남을 수 있다는 소문이 수용소 안을 떠돌았다.

거제도에 비하면 감시도 덜했고 밤이면 숨죽일 수밖에 없었던 정치학습과 사상 선동도 이곳에서는 없었다. 배급사정도 나아졌다. 그야말로 전쟁 통에 두 번째 사선을 넘긴 것이다.

영천수용소는 어느 정도 자유가 보장된 곳이었다. 포로 감시에 나선 국군 헌병들도 포로들의 행동을 어느 정도 묵인하고 있었다. 남쪽 출신이거나 남쪽을 택한 포로들이었기 때문이다. 눈치껏 바깥으로 편지를 보내거나 철조망 밖 행인들과 대화하는 것 정도는 딱히 제재하지 않았다.

손순표는 옷을 찢어 자신의 이름과 집 주소를 적어 돌멩이에 싸서 철조망 밖 행인을 향해 던졌다. 포로 감시를 위해 경계를 서던 헌병도, 길을 가던 행인도 그것이 무엇을 의미하는지 잘 알았다. 행인은 고맙게도 그 주소에 적힌 밀양 집으로 아들 손순표가 살아 있다는 소식을 전했다. 그때가 대성사가 기도를 시작한 49일째 되던 날이다.

대성사는 후일 자식을 위해 기도하는 이들을 위해 이와 같은 법문을 남겼다.

"자식 잘 되기를 서원하거나 생산하기를 서원하는 정기 불공 중에는 특히 계행을 지켜야 서원을 성취한다. 만약 계행을 범하면 불공 중에 마장만 일어나고 공덕이 없기 때문이다."

이는 실로 당신의 경험에서 우러나온 가르침이다. 자신의 자식을 위해, 모든 생명을 어버이가 된 마음으로 해치지 않고, 지키고 삼가는 마음으로 간절히 기도할 때 원하는 바를 성취할 수 있다는 것이다.

길 가는 행인에 의해 외아들의 소식을 듣게 된 대성사는 한걸음으로 영천 포로수용소로 달려갔다. 포로의 면회는 금지돼 있었고, 멀리서조차도 아들의 얼굴을 볼 수 없었지만, 살아 같은 하늘 아래 있다는 사실만으로도 대성사는 잠 못 드는 밤을 끝낼 수 있었다.

"나무 관세음보살……"

대성사는 계속 정근을 그치지 않고 다시 만날 날을 기다리고 또 기다렸다.

포로가 풀려났다는 소문이 들리면 밀양에서 영천까지 한 달음에 달려가기를 무려 일곱 번을 했다. 기대하고 갔어도 소문은 소문으로 그칠 뿐 포로수용소의 문은 열릴 기미가 없었다. 그때마다 살이 타고 피가 마르는 심정을 느꼈지만, 이미 마음속에는 확고한 신념이 있었다. 간절한 마음으로 관세음보살을 염하면 삼천대천세계의 불보살이 감응한다는 법화경 관세음보살보문품의 가르침은 이미 경전 속 구절이 아니라 법계를 통해 보여주는 바가 있다는 믿음이 생겼다.

대성사는 자신은 물론이고 가족들에게도 산 생명 하나라도 해치지 말 것을 당부하고, 부정한 것은 멀리하며 오직 덕을 쌓아 조금이라도 남의 원망을 사지 말라고 강조했다.

바라는 바가 간절하면 간절할수록 기도는 절실해야 하고 자신과 주변을 더 돌아봐야 한다는 것이다. 캄캄한 밤 어둠을 밝힐 등불 하나를 겨우 밝힌 셈이니 그 불꽃이 더욱더 환하기를 바라는 마음으로 바람을 막고 기름을 부어야 했다. 행과 불행은 예고 없이 닥쳐오는 법이다. 대성사는 오직 불행한 결과가 오지 않도록 애쓰는 일밖에 달리 할 바가 없다는 것을 알고 있었다.

포로수용소 쪽에 어떤 기미가 있다는 소문이 들리면 대성사는 만사를 제쳐두고 영천까지 달려갔다. 오직 일념으로 법계의 보살핌이 있기만을 기대하면서 관세음보살 외우기를 진심으로 다할 뿐이었다. 그러다가 혹시라도 북으로 송환된다면 어쩔 것인가 불안은 점점 닥쳐왔고, 집안 주변 사람들도 체념하는 이야기가 터져 나왔다.

"그래도 생사라도 알았으니 이젠 이쯤하고 훗날을 기약하는 것이 어떻겠소?"

그런 소리를 들으면 서운한 마음이 들고 원망의 대꾸를 할만도 했지만 대성사는 묵연하게 고개만 끄덕일 뿐이었다. 스스로 세운 신념이 있다면 세상의 변고에도 뜻을 굽히지 않는 것은 타고난 성품이었기 때문이다.

어찌 소원을 이룰 것이며 어떻게 마음속 심지를 바르게 세워 흔들리지 않고 나갈 것인지. 정진에 대한 경험은 이때 다한 것이라 후일 무엇인가 성취를 위해 정진할 것에 대해 직접 말씀을 남기신 바 있다.

"정진 중에는 만족을 알고 달리 바라는 바를 내지 말아야 한다.
마음속에 노여움과 어리석음을 일으키지 말아 늘 참고 편안하게 머물러야 할 것이다.
인과를 깊이 믿어야 한다.

내 마음대로 판단하고 삿된 마음을 일으키지 말아야
한다.
오직 착한 행실만 하고 악한 일은 쳐다보지도 말아야
한다."

이런 가르침 그대로 누가 와서 아들의 생사와 운명에 대해
왈가왈부해도 마음에 두지 않았다. 오히려 주변에 더 덕을
베풀고 이 위기의 순간이 지나가기를 바랄 뿐이었다. 전쟁
중 집을 잃은 이나 피난민을 보면 아낌없이 도왔다.

1953년 6월 18일 운명의 날이 왔다. 자정 무렵 부산, 논산,
광주, 마산 등의 수용소에서 갑작스런 반공포로 석방이 일어
났다. 남측의 결단으로 유엔군 몰래 남쪽 잔류 포로들의 석
방이 결정됐고, 헌병의 언질로 미리 철조망을 끊어놓았다가
신호에 따라 모든 포로들의 탈출이 이루어졌다.
　남쪽에 연고가 있던 이들은 밤새 달리고 달려서 집으로 가
거나 숨어들었고, 이 소식은 밀양에도 전해졌다. 신문과 라
디오 방송 전체에 반공포로 석방에 대한 뉴스로 뒤덮였다.
　대성사는 한달음에 영천으로 달려갔지만 포로수용소 문
은 열리지 않았고 오히려 미군 탱크 30여 대가 수용소를 포

위하여 경비는 더 삼엄해졌다. 포로 석방의 낌새를 눈치 챈 미군은 영천포로수용소의 병력을 증강하고 국군과 전투를 불사할 정도로 강하게 반발했다.

실망 끝에 발걸음을 돌려야 했지만 이제 곧 좋은 소식이 있으리라는 강한 믿음이 생겼다. 수용소 주변에서 만난 국군의 석방에 대한 의지가 강했기 때문이다.

결국 20일 밤 국군은 함께 근무하던 미군 경비병을 묶고 탱크를 무력화시키는 작전을 벌였다. 일제 사격을 하여 수용소 내 모든 전등을 깨뜨리고 수용소 문을 열어 포로들에게 무조건 뛰라고 등을 떠밀었다.

수용소 주변을 벗어나자 군인과 경찰이 포로를 서넛씩 분리하여 민가에 숨겼다. 주민들이 내놓은 밤참을 허겁지겁 먹고 포로 옷을 민간 옷으로 갈아입은 후 밤이 새기를 숨죽여 기다렸다. 그 어느 때보다 길고 어두운 밤이 지나가고 있었다.

그날 긴박한 작전 끝에 풀려난 영천수용소의 포로는 모두 8,000여 명. 대부분 남측 출신 포로였고 북으로 귀환을 거부한 인민군도 있었다. 영천에는 포로 외에도 그 배가 넘는 피난민과 민간 억류자들도 붙들려 있었는데 이들도 훗날 무사히 석방된다.

손순표는 영천의 지인을 통해 집으로 풀려났다는 소식을 전했다. 대성사는 한걸음에 달려가 야윈 아들을 집으로 데려 왔는데, 포로수용소에서 굶주리고 고생한 탓에 처음에는 그가 아들이라는 사실을 받아들일 수 없었다. 야위어 뼈만 남았고, 훤칠하던 모습은 어디가고 그저 지친 포로의 형상을 보일 뿐이었다.

아들을 집으로 데려와서도 이것이 실제인지 꿈인지 분간이 가질 않았다. 부부가 잠든 아들의 곁을 지키며 여윈 얼굴과 뼈마디를 쓰다듬으며 밤을 지새웠다. 이런 날이 오기를 바란 것이 얼마나 간절했는지 꿈결 같아 '삶을 물거품처럼 아지랑이처럼 볼 수 있어야 한다'는 가르침이 실감이 되었다.

손순표는 한동안 먹고 자고 또 먹고 자기만을 반복했다. 부모는 아무 말 없이 그의 속을 헤아릴 뿐이었다. 다만 이 비극이 이 나라 온 국토에, 자식 가진 모든 부모들에게 닥친 일임을 마음에 새겼다. 대성사는 이 일을 계기로 더 큰 발심을 하게 된다.

아들의 실종이라는 가족사에 매달려 있었지만, 그 시간 동안 대성사와 한국 불교의 운명을 가른 큰 사건이 있었다. 세간에서는 이를 한국 밀교의 일대사라 평한다. 마치 불법이 지혜와 자비로써 세상을 밝히고 고난을 건너게 하듯이 서로 다른 두 큰 인물이 만나면서 현대 한국 밀교는 새로 태어난다.

대성사가 자식의 생사를 알기 위해 백방으로 다니며 지극한 기도로 삼매를 이룬 모습은 이미 밀양과 인근에 널리 알려졌다. 몸과 마음에 흔들림이 없이 오직 "관세음보살"을 염하며 일체 헛말과 행동을 하지 않아 몸과 마음이 일념에 든 상태를 보인 것은 화제가 됐을 뿐더러 그 모습을 보고 따라 하는 이들이 나오기 시작했다. 차츰 처음 기도를 시작한 목적을 초월하여 진리에 대한 열망과 정진으로 이어졌으니, 이제까지 책으로 알고 절에 가서 경험했던 수행을 넘어서 새로운 신행에 대한 체현으로 이어지게 됐다.

대성사는 진리를 생각으로 이해하는 것과 간절함으로 실제 닦아 경지에 도달하는 단계에 대해 이런 가르침을 남겼다.

"진리를 사상적으로 사유하여 이해하고 배워 닦는 데만 그쳐선 안 된다. 그 진리를 오로지 자기 생명으로 행동하고 실천하는 전인적인 체현에 도달해야 한다."

결국 관세음보살을 간절히 생각하고 부르는 바가 관세음보살과 한 몸 되는 경지로 이끌며, 보살의 서원을 다짐하는 것으로 우주 법계의 진리가 자신의 생명처럼 실천된다. 일념의 기도를 통해 나와 진리의 경계가 허물어지는 경지에 도달하는 것이다.

고요히 무엇인가를 염하는 모습에서 한 치 흐트러짐이 없어 그 안색과 안광이 빛이 나는 것은 당연한 일이니 난리 통에 어지러운 민심 사이로 도인이 났다는 소문은 소리 없이 퍼져갔다. 이리저리 대성사를 만나길 바라는 이들도 나오기 시작했고, 집으로 학교로 찾아오는 이들이 늘어갔다.

대성사는 그들을 전쟁의 와중에 잃어버린 자식 같이 보았다. 자신을 내세워 높이거나 사사로이 따를 것을 바라는 대신 자신이 얻은 바 진실에 다가서고 마음의 고통을 넘어 고요함에 이르는 방법을 일러주었으니, 오직 관세음보살을 생각하고 한시라도 소리내어 염하라고 당부하였다. 다만 말로써 하는 것이라면 그 감응이 없었을 터이나 실제 사람들이 보고 들은 것은 흔들림 없는 불보살의 현신이었을 것이다. 그러니 자연 몸과 마음을 조복하여 그를 따르는 이들이 생겨났다.

평판은 따로 말하는 이가 없어도 멀리 퍼진다. 작은 소문은 울림이 되고 더 큰 힘을 세상에 전하는 법이다. 전쟁을 겪으며 마음 둘 곳이 없던 이들에게 대성사의 모습은 하나의 모범이 되었다.

그러던 차에 대성사 집으로 낯선 손님이 찾아왔다. 양복을 말쑥이 차려입은 풍채 좋은 신사가 자가용 지프에서 내렸다. 당시 지프차는 귀하기도 했지만 아무나 탈 수 없는 특별함이 있었다. 기별 없이 찾아온 지프차를 보고 궁금증에 동네 사람들이 모여들었다. 대성사를 찾아온 이가 누구인지 모두 궁금했다.

회당悔堂 손규상孫珪祥. 불교를 배우다가 육신의 병고를 이기려 100일 정진 후 깨달음을 얻어 1947년부터 대구 인근 달성군 성서면 농림촌을 시작으로 경주와 포항 등 경상북도 일대에서 새로운 불교를 세우기 위해 고심하고 있었다. 그의 명성은 이미 세상에 잘 알려져 있었다.

교화의 근거지였던 포교당을 참회원懺悔園이라 부르며, 자신이 체득한 밀법密法을 세상에 전하고 있었다.

이전에 없던 가르침을 펼치자 세상의 관심을 끌었고 사람들이 모여들었다. 비록 자증자득하였다고 하나 법을 펼치는 일은 쉬운 일이라 할 수 없을 것이다. 갖추어야 할 교법과 교단의 형태를 바로 세울 일도 필요했다. 그래서 자신과 함께 종단의 기틀을 만들고 이 땅에 밀교를 전할 사람을 찾게 됐다. 그러던 중 대성사의 소문을 들었고 이리저리 알아본 끝에 밀양으로 온 것이다.

대성사는 차에서 내린 회당 대종사를 한눈에 알아보았다. 그가 어떤 이야기를 할지 이심전심으로 안 것이다. 두 거인은 자신을 소개한 후 한동안 말없이 마주 앉았다. 말 한마디가 무거웠고 눈짓 하나가 진실하게 방안을 울렸다.

손규상 대종사는 월성 손씨로 대성사와 비록 본관은 달랐지만 성씨는 같아 먼 친척을 본 것과 같이 대했다. 금강관이 내온 다과상을 사이에 두고 마주 앉았다. 대성사는 깊은 이야기를 할 수 있도록 주변 사람을 물렸다.

짧은 침묵이 이어진 후 찻잔을 내려놓으면서 회당 대종사가 입을 열었다.

"나와 함께 뜻을 세울 이를 찾고 있었습니다. 전란으로 세상의 고통은 깊어졌고 사람들은 나와 남으로 갈려 서로에게 미움의 총칼을 겨누고 있습니다. 누구라도 나서서 세상을 구해야 할 것이고, 여기 내가 믿고 있는 길이 있습니다."

대성사는 그 말 한마디 한마디에 집중했다.

대성사는 수행 중 자신에게 닥칠 운명과 앞길을 예감하고 있었다. 어떤 길을 걸어야 할 것인지, 자신이 국가와 사회를 위해 그리고 세상 사람을 위해 무엇을 할 수 있는지 깊이 고심하고 있던 터였다. 그 깊은 마음의 심지에 대해 어느 때 이렇게 말한 바 있다.

"국가와 사회가 있어야 내가 생존하지 않는가. 한 쪽만이 존재할 수는 없는 것이다.
지구도 공전하면서 자전을 하는 것과 같다.
부처님에게 목숨을 바쳐 귀의한다는 것은 이 정신적인 생명을 부처님에게 맡긴다는 뜻이다."

처음 만남이지만 두 성인은 마음이 맞았다.
회당 대종사가 제안한 것은, 밀교 교법을 펼쳐 종단을 일으키는 데 자신은 바깥일을 도모할 테니 교리와 수행체계 그리고 교단을 정비하는 일 등 안 일은 대성사가 맡아주길 바란다고 하였다.
수행도 결국은 작은 나에게서 벗어나 대아大我를 성취하기 위함이니 자신의 안락을 구하고 세상으로 나가는 번거로움을 두려워해선 안 된다는 생각이 일었다. 결국 회당 대종사의 구함에 어떤 대답을 해야 할지, 또 스스로 무엇을 해야 할지는 자명한 일이었다. 그것이 자신이 고통 속에서도 일심을 잃지 않고 오직 관세음보살을 염하고 불교를 공부한 본면목인 것을 알았다.

대성사는 대의를 위해 자신을 어떻게 내려놓고 행할 것인가에 대해 이런 가르침을 남긴 바 있다.

"나(我)란 자기 이익을 구하고 편안하길 바라 자기 명예, 자기 지위, 자기 의견을 세우게 된다.

우리는 태어날 때부터 자아의 속박을 받아 모든 것을 자기중심으로 생각하고 행동한다. 부처님께서는 나란 결코 불변의 실체가 아니란 것을 가르치셨다.

나에 집착하게 되면 몸과 마음이 노여움과 욕망의 망념에 사로잡혀 고통을 받게 되고, 나에 대한 집착에서 벗어나면 자유자재하여 해탈에 이를 수 있다.

그러므로 나란 것에 집착하는 것은 중생이며, 나를 오직 멸하려고 수행하는 것은 소승小乘이다.

작은 굴레에 스스로 갇힌 소아에서 일체 중생을 위해 자기 굴레를 넘어선 대아로 나아가는 것이 곧 대승大乘의 길이다.

그로부터 대아를 세워서 하는 것은 모든 중생을 위해 이익되게 하여 국가사회에 봉사하고 모든 일에 봉사하기 위해 자기를 닦아가며 모든 중생을 구제하고자 현세를 정화하겠다는 목적을 세워야 한다."

새로운 길을 걷겠다고 마음먹은 것은 이와 같은 뜻이 있어서였으며, 자신의 안락을 구하지 않고 위기와 고난이 가득한 세상을 위해 봉사하겠다는 마음이 굳어졌다. 마음을 다해 수행하는 일도, 자신과 자식 걱정에서 벗어나 전쟁으로 고통받는 모두를 위한 구제의 길을 세우겠다는 대아의 실천으로 나가게 된 것이다.

그 첫 만남은 한국 현대 밀교가 위대한 출발을 할 수 있게 된 계기가 되었다. 찰나의 순간이 영원한 억겁의 시간을 진리로 이끈 것이다.

대성사는 당시 밀양농잠중학교의 행정관으로 근무하고 있었다. 학교 행정업무를 맡은 교육 공무원이었는데, 이는 성품과도 잘 맞아 오래도록 해오던 일이었다. 남을 돕고 가르치며 공적 업무에 사사로운 감정을 개입하지 않는 자세는 직원 사이에서도 높은 평가를 받고 있었다. 후일 총지종의 스승 상은 모두 대성사가 학교에서 학생을 대하면서 몸에 밴 것으로 실제적이고 절실한 모범이 됐다.

대성사가 후대에 당부한 스승의 사명은 실제로 당신이 학교에서 행한 사표 그대로이며, 진각종의 기틀을 잡을 때나 총지종으로 법을 펼 때 가장 중요한 지표로 강조했던 내용이다.

"스승은 매일 따르는 교도들과 만나 그들을 가르치고 이
끄는 가장 앞자리에 서 있으니 종단의 성쇠를 좌우한다.
그러므로 스승이 되면 세간의 즐겁고 괴로운 일에 이끌
리지 말고 초연해야 할 것이다. 먼저 자신의 인생관을 바
로 세우고 그 지표대로 생활하여 자신의 인격을 완성해야
한다."

해방 전후 좌우익 충돌과 전쟁 속에서 자신은 아들의 실종이란 일을 겪었지만, 동요하지 않고 학생들을 대하고 학교 업무를 처리한 그대로이다. 대성사의 철저함은 가르침이 단순한 언어의 표현이 아니라 자신이 실행한 바를 전한 것이라 더 간절할 수밖에 없었다.

회당 대종사와의 만남을 통해 이 땅의 고난을 부처님의 가르침으로 구해야겠다는 발심을 크게 한 후 이제까지 자기 수

행으로 살펴보던 경전과 불교 교리를 다른 눈으로 살피기 시
작했다. 본격적으로 불교의 교리와 수행관을 철저히 공부하
기 시작했다. 막 씨앗을 뿌리기 시작한 믿음의 밭에 무엇이
필요한지를 찾아 탐구했다.

우선 밀교법에 관한 경전을 찾아 읽고 수행법을 살펴보았
다. 당시에는 불교 서적을 구하기가 쉽지 않은 시절이었다.
특히 밀교에 대한 대중들의 관심과 이해는 전혀 없던 때라
경전 구하기가 사막을 맨발로 걷기보다 어려웠다. 인맥을 통
해 백방으로 책을 구했으니 일본어로 된 불교서적들이 대부
분이었다. 대성사는 어학에 특별한 재능을 갖춘 터라 한문
경전과 일본어 책을 통해 밀교에 대한 대강의 얼개를 파악해
갔다. 한문과 중국어, 일본어, 영어, 러시아어까지 섭렵한지
라 책만 있다면 어떤 언어로 된 것이건 읽을 수 있었다.

누군가 책을 갖고 있거나 불교에 해박한 이가 있다면 그를
찾아가 이야기를 나누고 배우기를 마다하지 않았다. 돈과 정
성을 모두 바쳐 밀교의 가르침을 찾아 나섰다. 그러다 보니
자연히 밀양 일대의 불교도들과 교류가 이어졌다. 비록 전쟁
통이지만 그들을 통해 일본으로부터 책을 구해와 읽기도 하
고 또 자신이 찾은 부처님 가르침을 그들에게도 이야기했다.

당시 진각종은 경북과 경남 지방에 막 뿌리를 내리고 있었

다. 한 사람의 교도와 한 스승의 원력이 간절할 때였기에 대성사가 오가며 사람을 모으고 불법을 이야기한 것은 적지 않은 힘이 되었다. 밀교에 대한 관심이 높아지면서 당시 참회원懺悔院이란 이름으로 시작했던 교단은 전쟁 중에 심인불교건국참회원心印佛敎 建國懺悔院으로 이름을 바꾸었고, 곧 심인당心印堂으로 개명을 하게 된다.

경주에서 시작했던 포교의 발길이 밀양과 부산을 거쳐 이윽고 서울 밀각심인당을 열어 확장일로에 들어섰다. 무엇보다 가장 필요했던 것이 교리와 교법 체계를 바르게 세우는 일이었던 터라 대성사의 역할이 절실했다. 대성사는 밀양심인당에 동참해 주변에 밀교법을 전했다.

그때나 지금이나 종단이 나아가야 할 바는 같을 것이며, 그를 위해 기울여야 할 노력 또한 동일할 것이다. 대성사 말씀 중 어떤 단체와 그에 얽힌 이들이 가져야 할 자세를 일러주는 대목이 있으니 마침 당시의 정황과 다르지 않다.

"국가와 사회 또는 한 교단이 활발히 일어나 번창하려면 그 지도자 중에 훌륭한 인물이 많이 있어야 한다. 이는 예나 지금이나 같은 일이다.
인생은 무상하나 법은 멸하지 않고, 현실은 바뀌어 변해

가나 진리는 영원하며, 재물은 시간이 흘러 없어지는 것
이지만 명예와 인격과 덕망은 영원불멸한 법이다.

이것을 잘 이해하고 실천하여 개인의 이익보다 공익을 위
하고 자기 교화에만 집착해선 안 될 일이다.

종단 전체의 이익을 위해 법을 세워가는 대아적인 위치에
서 사명감을 가져야 한다."

막 발길이 바빠진 초창기의 진각종에 대성사가 필요한 때
가 왔으니, 이것은 현대 한국 밀교의 숙명이었다.

제3장
세상을 향한 빛

입교

어둠은 작은 불씨가 피어나면 사라져간다. 불씨 하나가 불꽃이 되고 이윽고 지평선까지 온 광야를 불사르는 법이다. 진각종에 입교하면서 대성사는 한국 밀교의 부흥을 위한 불씨가 되었다. 불씨는 사그라들지 않고 마음의 심지에서 세상을 위한 횃불과 대지를 밝히는 태양빛으로 번져 나갔다. 그러던 차에 아들의 생환을 맞았으니 어긋났던 일들이 제자리를 찾은 것이라는 믿음이 생겼다.

우리 밀교의 역사를 살펴본 바 신라의 혜일과 불가사의가 법을 받아왔으며 혜통국사가 총지종總持宗을 세워 그 어느 곳보다 뿌리가 깊었다. 명랑법사의 신인종神印宗 또한 밀교 종단으로 위세를 날렸다.

법을 구하러 인도 땅까지 다녀와 왕오천축국전을 남긴 혜초는 중국 밀교의 시조인 금강지로부터 법통을 이은 바 있고, 밀교 의식으로 당나라의 왕실을 감동시킨 바 있었다. 그렇게 밀교와 이 땅은 깊고 깊은 인연을 맺고 있었다. 오래도록 그 법이 제대로 전해지지 않아 조선을 거치면서 밀교의 황무지가 된 안타까움이 있었다. 그러나 시절이 바뀌고 시대가 변해 드디어 대성사가 다시 그 인연의 맥을 세울 때가 된 것이다.

대성사는 정통밀교를 세우기 위해 잊혀진 인연의 흔적들을 찾아내기 시작했다. 경전을 엄밀히 살펴보아 소승, 대승, 밀교 경전을 나누어 검토하면서 아함부 경전에서도 비밀주秘密呪가 있음을 찾아냈다. 섞여 있는 모래알 속에서 보석을 고르듯 밀교적인 것과 밀교의 핵심을 나누어 살폈다.

그 둘을 나누어 보는 대성사의 설명은 이렇다.

"초기 대승경전에 속하는 법화경은 진언, 즉 다라니로 수행의 세계를 설명했다. 보살행으로 들어가는 길목에 다라니가 있다는 점을 강조한 것이다.

본연부에 속한 방광대장엄경에도 밀교적인 요소가 들어 있다.

그러나 엄밀히 말하자면 밀교적인 것과 밀교는 반드시 일치하지만은 않는다.

밀교적이라고 해서 반드시 밀교가 아닌 점을 주의해야

한다.

신통력이나 주문 등은 밀교적이기는 하지만 밀교는 아니다.

밀교의 수행은 신통력을 얻기 위함도 아니고, 주문으로 원하는 것을 성취하기 위함도 아닌 것이다.

신통력이나 원하는 바의 성취는 밀교 수행의 결과는 될 수 있을지라도 그 목적과 목표가 될 수 없는 것이다.

이를 잘 살펴 정통 밀교가 무엇인지 알아야 한다."

대성사에게는 누구로부터 배울 수 없는 새로운 길을 열어야 한다는 절박함이 있었다. 자신이 바르게 세우지 못하면 천 년 세월을 넘어 다시 꽃필 정통밀교의 맥이 흐트러질까봐 마음을 다져 먹어야 했다. 그렇게 살피고 살핀 끝에 정통밀교를 세우는 데 필요한 내용을 찾아냈다.

"정통적 밀교는 반드시 조직과 체계를 가져야 한다.

그렇지 못하면 그것은 유사밀교이다.

바른 밀교는 인간과 자연계를 완전히 조화롭게 파악한다.

특수한 것 가운데서 일반성을 인식하고 서로 비슷한 무리로써 드러나 이루어진다.

인간은 따로따로인 것 같아도 고립적인 존재가 아니며 모든 인간과 관련을 맺고 존재하는 것이다.

이것을 밀교에서 인간과 세상이 촘촘히 얽히고 짜인 그물과 같아 중중제망重重帝網이라고 한다."

집을 짓고 길을 낼 때 가장 중요한 것은 설계도이다. 뼈대를 어찌 세우고, 어디로 향할 것인가를 바로 정하지 못하면 집은 쉽게 무너질 것이며 길은 원치 않는 곳으로 사람들을 이끌 것이다. 전쟁 중이었지만 대성사는 경전을 살펴보고 비밀주를 찾아 외우며 수행을 통해 지옥의 화염 속에서 연꽃을 피울 수 있다는 확신이 생겼다. 그러기 위해 이제 막 틀을 갖추어가는 새로운 밀교 종단도 조직과 체계를 바르게 세워야 한다고 믿었다.

당시 회당 대종사가 주축이 된 심인불교心印佛敎는 밀교를 표방했지만 막 시작하던 단계라 부족함이 적지 않았다. 특히 인재가 부족하고 새 교도들이 밀교에 대한 이해 부족으로 시행착오가 거듭되고 있었다. 교리 체계가 정비되지 않아 처음에는 참회를 내세웠고, 다시 심인을 밝혀야 한다고 기치를 세웠다.

참회는 본성을 회복하기 위한 것이고 심인 또한 다라니로써 마음의 근본과 일치되는 것을 가르치고 있었지만, 일반 교도들의 이해는 깊지 못했다. 그러니 교법의 정비와 조직과 체제를 세우는 일이 시급할 수밖에 없었다.

밀양 심인당에 출석하면서 대성사는 자신이 본 바와 생각한 바를 세세히 적어 회당 대종사와 깊이 논의하기 시작했다. 난리통이지만 교세가 급격히 팽창하던 때라 스승을 세우는 일과 수행의 교법을 만드는 일이 중요했다. 남녀 스승을 '정사正師'와 '전수傳授'로 부르는 용어도 당시에 이르러 정해졌다. 교법의 체계 하나하나가 대성사과 회당 대종사의 고민 끝에 정립되기 시작했다. 밀교의 교리 또한 새로운 시선과 해석으로 제자리를 잡아갔다. 대성사의 어깨가 점점 무거워지던 시기였다.

1953년, 전쟁은 거의 끝을 앞두고 있었다. 밀양과 부산 등지에는 흥남 철수 때 피난 온 이들이 많았는데, 그들도 빠른 시일 내에 고향으로 돌아가지 못하리라는 것을 아는 듯 피난지에서 자리를 잡기 시작했다. 전쟁을 겪으면서 사람들은 현실의 불안정함과 죽음에 대해 깊이 생각하게 되었다. 종교적 고민을 하는 이들이 늘어났다. 절과 교회를 찾는 이들이 줄을 이었고 새로운 종교적 움직임도 생겼다. 생존의 문제만큼 불합리한 현세의 실마리를 찾으려는 이들도 늘어난 것이다.

그해 4월 대성사는 경상남도 밀양읍의 지방주사로 승진했다. 전쟁 초기에 밀양공립농림중학교는 6년제에서 3년제 고등학교로 바뀌었고 대성사는 고등학교 교육공무원으로 계속 근무하였다. 그 와중에도 밀양 심인당에 나가며 수행을 계속하였다.

전쟁 중에 수많은 사람이 희생되는 모습을 보면서 대성사도 유한한 삶과 생명에 대한 생각이 깊어졌다.

"우리는 두 개의 생명을 가지고 있다. 즉 육체적인 생명과 정신적인 생명이다. 육체의 생명은 생로병사를 받아야 하는 무상한 생명이고 정신적인 생명은 상락아정의 열반체인 영원한 생명이다. 세상은 이 정신적인 생명체를 모르고 육체적인 생명만 소중하게 생각하고 죄업을 지어간다. 그러나 우리는 정신적인 생명을 소중히 가꾸어야 할 것이다. 무엇인가를 믿는다는 것, 진리를 향해 나간다는 것, 신앙을 갖는다는 것은 곧 정신적인 생명이며, 정신과 육체 또한 뗄 수 없는 관계이다. 정신이 건전해야만 육체도 건전한 것이다."

삶과 죽음 앞에서 우리는 무엇을 찾으며 어떻게 살아야 하는가 하는 고민의 결과는 결국 믿음을 가지고 건전한 정신을 가져야 한다는 것으로 귀결한다.

특히 종교의 비밀한 면을 이렇게 강조했다.

"어느 종교에도 비밀스러운 부분이 있다. 수행의 깊이에 따라 그 비법을 닦아 익히거나 자신의 것으로 깨달아 얻게 하는 것이 근본이다. 다른 종교보다 불교에 그 비밀스러운 법이 많고 그 대표적인 것이 밀교이다."

이것은 불교 경전을 살피고 수행한 끝에 대성사가 얻은 지견이다. 이 때문에 불교의 어떤 가르침보다 밀교의 내용이 시대와 맞다고 여겼다.

밀양 심인당에서 대성사가 차지하는 비중도 점차 커졌다. 대성사에게 종교적 질문뿐 아니라 현실적인 문제를 묻는 이들이 늘어났다. 그들을 대하며 수행을 통해 마음과 육체가 변해가는 모습을 볼 때마다 새로운 인연의 시간이 닥쳤다는 것을 실감했다.

1953년 8월 24일, 심인불교건국참회원心印佛教建國懺悔園

은 시대 상황의 변화에 따라 종단 체계를 완성하기 위해 제헌 총회를 열었다. 대구 남산동 심인당에서 열린 이 회의에 대성사는 교도 대표로 참석하게 된다. 전국의 스승을 대표해서 정사와 전수 23명, 그리고 교도 대표 50명이 모여 종단의 미래를 도모한 회의였다.

회의를 통해 심인불교건국참회원이란 간판은 '대한불교진각종 심인불교 보살회大韓佛教眞覺宗 心印佛教 菩薩會'로 바뀐다. 종단의 최고 의결기관으로 인회印會가 구성되고 회당 대종사가 회장으로 추대됐다. 종단의 체계를 세워야 한다는 대성사의 조언과 함께 중지를 모아 계율에 해당하는 인법印法이 제정되고 새로운 출발을 기약하게 된다.

심인불교心印佛教의 심인이란 불심인佛心印을 말하며, 마음 속의 부처이다. 진리는 불심인의 진리를 뜻한다고 했다. 우리 마음속에 있는 불심인이야말로 본심本心이며 마음 가운데 있는 부처님이니 일체 인과를 깨닫게 한다는 것이 심인불교의 종지이다.

종회와 종법과 수행체계가 갖춰지면서 진각종은 큰 도약을 도모하고 있었다.

그러나 순풍이 불면 역풍도 함께 찾아오는 것이 피할 길 없는 세상 이치이다. 순조로울 것 같던 출발은 인간적인 반발과 저항도 겪었다. 참회원을 고수하는 이들도 있었고, 인법을 내세워 사람을 재단하는 감정적인 반발도 일어났다.

결국 세상의 이목을 끈 사건이 터졌다. 원망과 대립은 법적인 문제로 비화돼 소위 '심인불교 사건'이 벌어졌다. 회당 대종사의 구속까지 이어진 사건은 결국 창종 과정에서 빚어진 인간적인 대립과 금전 문제가 화근이 된 것이다.

결국 이듬해인 1954년 포항과 울산 등지의 참회원과 교도 일부가 떨어져 나가 '대한불교진언종참회당교도회 유지재단법인大韓佛教眞言宗懺悔堂教徒會 維持財團法人'을 결성한다. 또 하나의 밀교종단인 진언종眞言宗이 가지를 쳐 나갔다.

한국 밀교의 새로운 장이 열리자 대성사는 오래도록 몸담았던 천직에서 물러났다. 1953년 9월 30일 사직원을 내고 교직과 공직 생활을 접은 것이다. 개인적인 아쉬움과 안정적인 길을 떨치고 시대가 요구하는 미지의 길로 발걸음을 옮겨야 했다.

그리고 그해 11월 2일 정사 후보로 임용되어 막 문을 연 서울심인당에서 교화에 나선다. 서울심인당은 지방의 터전을 서울로 옮기기 위해 종단의 명운을 걸고 있던 곳이라 그 중요성이 높은 곳이었다. 바로 그 자리에서 대성사는 스승의 길로 들어선 것이다.

스승이란 말로 사람들을 이끄는 것이 아니라 자신의 신념을 행동으로 보여주는 이다. 시취試取 스승, 정사보正師補를 거쳐서 대성사는 1955년 4월 13일 정사로 승진하였다. 당시 대성사의 법호는 시당施堂으로 시당 정사라 불리었다.

갓 출범한 신생 종단이 분규에 휩싸이고 법정 다툼이 벌어지면서 세상의 의혹이 모였을 때다. 누구라도 이 불편한 현실에서 중심을 잡아야 한다는 것을 대성사는 마음 깊이 깨닫고 있었다. 개인의 사사로운 이익을 구하기보다 새 종단이 흔들리지 않도록 힘을 보태야 한다는 것을 알았다.

"대승보살은 결코 관념적인 것이 아니고 생생하게 인생의 고락을 겪으면서 고난을 통해 마땅히 수행할 수 있는 사람만이 걸을 수 있는 길이다. 오상성신五相成身, 즉 보리심을 통달하고 보리심을 지키며 금강심을 이루고 그 금강심을 키워 불신원만의 단계를 모두 수행하여 온전히 부처가 되리라는 물러서지 않는 각오로 정진해야 할 것이다."

이것이 스승의 길을 걷는 대성사의 각오였다.

사람과 재산에 얽힌 종단의 분란을 지켜보며 스승과 교인과의 관계와 마음가짐에 대해서도 느낀 바가 있었다.

"청렴정직하고 스승을 잘 받들어 행하면 다른 자격이 조금 모자라더라도 교화는 잘 될 것이다. 종단은 민주주의나 어떠한 법조문보다 부처님의 가르침과 계율을 따라 스승과 제자, 수행을 이끄는 이와 그를 따르는 이들이 모범을 세워야 크게 일어설 수 있다.

헌신적인 책임과 도의적인 책임을 져야 하고 남의 과실을 지적하기 이전에 먼저 스스로 반성하고 참회하여 화합하고 마음을 모아야 할 것이다. 나 자신이 스승과 윗사람을 경멸하고 맞서 다툰다면 어찌 아랫사람과 교도들이 나의 뜻에 따르기를 바랄 수 있겠는가?"

스승의 도리에 대해 깊은 고심 끝에 내린 결론으로 줄곧 이와 같은 길을 걷게 된다.

흔들리는 교단을 안정시키는 데 전력을 다한 끝에 세상 의혹은 사라지기 시작했다. 세상에 신흥종교의 비리 의혹사건으로 알려졌던 심인불교 사건은 결국 오랜 수사와 재판 끝에 회당 대종사의 무죄로 판결나면서 마무리되었다. 이에 따라 새 종단에 대한 세상의 기대도 커졌다.

1956년 4월 2일, 경북애국단체 연합회에서는 진각종의 실체를 파악하고 자신들의 대중 활동에 대한 참여를 요청했다.

진각종에서 두 분의 원로 스승과 함께 대성사가 위원으로 참여하게 된다. 짧은 기간 동안 대성사의 종단 내 입지가 확고해졌음을 알 수 있는 대목이다. 특히 대외적인 활동을 맡기 위해서는 위상에 걸맞는 인물이 나서야 했다. 새로운 종단의 성격을 상징적으로 보여주고 인품과 경험이 필요한 점도 염두에 두어야 했다. 더욱이 사회 활동의 경험이 풍부한 인물을 골라야 했는데, 대성사는 진각종을 대표하기에 충분한 인격과 종교적인 면모를 갖추고 있었다.

대성사의 국가관은 항일운동과 망명생활, 그리고 한국전쟁을 거치면서 남다른 애국정신이 심지가 되어 있으므로 전후 사회의 안녕을 돕기 위해 종교인으로 해야 할 바를 다 해야 한다고 강조했다. 대성사는 종교인으로 정치에 몰입하지 않았지만 민주주의에 대한 확신이 있었다. 애국과 중생 사랑이 다르지 않다는 것을 알고, 소승적 자아를 넘어 모두가 잘 살아야 한다는 수행관이 민주주의와 통한다고 믿었다.

"정치와 종교는 마치 사람의 육체와 정신과도 같다.
국법에는 죄는 벌주고 종교는 착한 일을 권해 선행은 선한 과보를 받는다고 가르친다.
그렇게 알게 되면 악행을 두려워하고 스스로 선을 행하게 된다.

그러므로 정치와 종교 모두 선으로 이끌어 간다.

그 관계는 음양의 원리가 서로 겉과 안으로 함께 맞물려 돌아가 일마다 공이 크게 나타날 수 있는 것이다.

또한 도의심道義心을 크게 일으켜 국민을 더불어 교화하고 풍속을 바로잡는 중추 역할을 하게 되는 것도 또한 종교로부터 시작할 수 있다.

그러므로 자유민주국가는 정치로서 그 자유를 주는 것이고 종교는 사람들의 양심을 스스로 이끌어야 진정한 자유민주정치가 되는 것이다.

이런 이치로 보아 크게 보더라도 종교는 자유세계를 정신적으로 묶어가니 마음으로부터 전 세계가 하나 같이 되는 것이다.

나라마다 국민정신과 민족사상은 비록 다를지나 오직 신앙하는 종교적 이념만은 공통적이다.

생활풍속은 각각 다르지마는 신앙생활과 윤리감은 같은 까닭이다."

모든 송사가 마무리되면서 진각종은 다시 재정비의 시간을 갖게 된다. 회당 대종사는 1956년 10월 서울로 거처를 옮기면서 본격적인 포교 전법에 나섰다. 종단 전체의 일이 분주해질 수밖에 없는 상황이었다. 할 일은 많으나 경륜은 부족한 때에 대성사의 경험이 빛을 더했던 시기이다.

새로운 길

진각종은 초기부터 밖으로 교육사업과 사회구제사업에 힘을 기울였다. 전쟁 후의 혼란 속에 종교가 해야만 하는 꼭 필요한 노력이었기 때문이다. 게다가 내부적으로 행정 체계를 만들고 교학을 세우는 일도 시급했다. 이런 안팎의 일들에 대성사의 힘이 필요했는데, 오랜 공직과 교육 현장의 경험은 진각종의 진로에 큰 역량이 되었다.

서울로 종단의 기반을 옮긴 후 1956년 대성사는 회당 대종사가 주석하던 서울 왕십리 심인당의 스승으로 봉직하게 된다. 현재 밀각 심인당인 왕십리 교당은 진각종의 서울 진출의 기반이 된 곳이다.

진각종은 초창기 각종 업무를 정비하고 규정을 만들며 일의 진행 상황을 확인하고 점검하기 위해 재단 회칙으로 사감査監이란 직책을 만들게 된다. 종단 전체를 살피고 감사하는 막중한 책임을 진 자리였다.

1956년 12월 11일 대성사는 진각종 초대 사감의 직책을 맡는다. 평생 공적인 일에 사사로운 마음을 내지 않고 정대하게 처리했던 성품에 꼭 맞는 직위이며 종단이 앞으로 바르게 나갈 나침반의 역할이었다. 사감 직책은 후일 감사 기관인 사감원査監院으로 확대된다. 초기 종단에 꼭 필요했던 사정 업무의 기틀을 잡는 것이 대성사의 소임이었다.

개인의 수행뿐 아니라 종단 전체의 살림과 계율 등을 살펴야 했고, 대성사는 제기된 불평과 불만을 공명하게 처리하여 어떤 결정을 내려도 종도들의 공감을 이끌어냈다. 대성사는 사람이면 누구나 잘못이 있으며, 그 잘못을 바로 잡기 위해 반드시 필요한 것이 참회라고 하였다. 그것이 참회원으로 출발한 종단의 취지에도 맞는다고 가르쳤다. 중요한 것은 단죄나 처벌이 아니라 참회하고 자기 행을 바로 잡는 것이라며 그 원칙을 종단의 사감 업무에 그대로 적용해갔다.

"선악의 판단은 결코 전통적인 교육의 결과로 가능해진 것이 아니라 인간이면 누구나 선천적으로 의식 속에 판단의 가능성을 가지고 태어난다.
인간은 잘못을 뉘우칠 줄 아는 고귀한 마음을 가지고 있다.

참회하는 마음은 인간이 기본적으로 가진 것이며 인간만의 고유한 성질이다.

금수禽獸는 참회하는 눈물이 없다.

교육을 통해 얻은 지식만 있는 자는 배운 지식을 악용하여 자신의 잘못을 합리화하려 든다.

거짓으로 선善을 가장하여 위선으로 진실을 감춘다.

그러므로 인간이 먼저 된 후에 지식을 가져야 그 지식으로 세상에 도움이 될 것이다.

인간이라면 무엇을 먼저 가져야 할 것인가를 알 수 있다."

사감의 역할로서뿐 아니라 스승과 교도들의 잘못된 일과 실수를 대하는 대성사의 가르침은 초기 종단의 불협화음을 바로잡는 데 큰 힘이 됐다.

종단이 외형적인 틀을 잡아가면서 내면적인 골수를 바로 세울 필요가 생겼다. 무엇보다 시급한 것은 진각종이라는 밀교 종단에 맞는 경전의 번역과 그에 따른 교리의 정비인데, 이 일은 교단의 미래 100년을 좌우할 중대한 불사였다.

1957년 8월부터 역경사업의 큰 틀을 잡고, 9월에는 '심인불교 금강회 해인행心印佛教 金剛會 海印行' 출판사를 설립하여 경전 간행 업무를 시작한다. 회당 대종사가 역경작업의 책임자로 나서고 실무작업의 진행은 대성사가 맡아 밀교 경전을 우리말로 옮기기 시작했다. 한국불교사에 처음 있는 밀교 경전 집대성과 역경작업의 역사가 시작되었다. 서울 밀각심인당은 역경 불사의 중심지가 되었다.

이때부터 역경은 대성사의 평생 숙원이 됐는데, 한학에 정통하여 한문 경전뿐 아니라 일본어, 중국어, 영어 문헌까지 찾아 경전을 선정하고 직접 번역하는 일에 자신의 모든 원력을 다했다. 밀교의 주요 경전인 대일경, 보리심론, 보리심의 등을 번역했고, 현교에서도 수행에 참조가 되는 심지관경(보은품), 옥야경, 유마경, 반야심경 등을 골라 번역해서 밀교의 교리와 수행의 지침이 되도록 했다.

밀교 경전뿐 아니라 현교 경전까지 번역한 것은 경에 대한 대성사의 뚜렷한 이해와 불교관 때문이다.

"불교를 크게 나눠 소승, 대승, 밀교의 셋을 들 수 있고, 석가모니불의 가르침에서부터 시대에 따라 점차 발달하여 왔다는 설도 있다.

사실은 불타 자신의 교설 중에는 이 모든 것이 처음부터 포함되어 있었다.

다만 제자들이 그 가운데서 부분별로 중점을 두어서 전해

왔기 때문에 어떠한 계통은 소승, 어떠한 계통은 대승, 어떠한 계통은 밀교라는 등의 서로 다른 경향이 함께 발전해 온 것이다.

그러므로 소승 경전이라고 하는 아함경이나 파알리 성전 중에도 대승 내지 밀교적 요소가 포함되어 있다."

그 실례로 유마경 속에 드러나는 밀교의 가르침을 들었다.

"표현수단에는 일상적, 논리적, 공개적인 것이 있다.

그 밖에 말을 떠난 표현수단은 무언無言의 표현 또는 상징적인 방법이 있을 것이다.

그러나 '무언의 표현'이라 하는 것은 말로 표현된 것은 아니다.

대부분의 대승불교 경전은 '무언의 표현'으로써 말을 떠나 전해진 진실과 그 진실한 가르침을 표현하려고 한다.

예를 들어 유마경維摩經에 나오는 유마 거사가 입을 다물어 침묵한 '유마의 일묵一黙'이 있는데, 이런 애매함을 초월하려는 것이 밀교 제2의 과제가 되어 상징적인 밀교적 표현으로 자리 잡았다.

현교에서는 인간의 원인原因인 수행修行의 단계는 설할

수 있어도 수행의 결과로써 부처를 이루는, 깨침의 단계는 설할 수가 없다고 한다.

현교에서 '인분가설因分可說 과분불가설果分不可說'이라 한 내용이다.

그러나 밀교에서는 표현하지 못한다는 '과분果分'을 기어이 말로 표현할 수 있는 '가설可說'로 성취시켰다.

그것이 상징적 표현 수단이며 제2의 밀교의 본질이다.

이것은 세 가지로 대별大別된다.

첫째 신체身體에 의한 상징象徵인 신밀身密과 두번째 상징인 구밀口密, 셋째로 마음에 의한 상징인 의밀意密을 모두 포함하여 수행과 수행의 성취를 드러낸다.

세 가지의 상징인 삼밀三密은 전신적全身的 상징이 밀교 제2의 특질이며 실질적 내용이 된다.

즉 신비한 경지를 깊이 체득하는 심비성沈秘性과 깨달음이 드러난 공개성이란 두 가지의 상반相反된 성질이 밀교 속에 있다.

또 하나의 본질은 제3의 특질인 의례儀禮이다.

현교에서 말로 표현된 부처의 세계를 바라만 보는 것만으로는 인간구제에는 아무런 의미가 없는 것이다.

표현된 상징을 해독하여 되짚어 거슬러 올라가서 자신이

그렇게 실현하는 것, 말을 바꾸자면 상징으로 표현된 불佛
의 체험을 상징을 통하여 수행하는 이가 추체험追體驗, 즉
따라서 체험하는 것이다.

이 해독의 규칙이 과학적이라고 할 수 있을 정도로 상세
히 분석적으로 정리되어 있다.

이것이 밀교 실천규정인 의궤儀軌이며 구전과 더불어 방
대한 내용으로 남아 있다.”

밀교 경전은 애매한 언어의 표현을 넘어 실제적으로 체득
할 수 있도록 구체적이고 합리적으로 설해져 있다는 것이다.
현교가 놓치고 있는 수행의 핵심을 밀교는 의례와 신비적 수
행을 통해 다가설 수 있는 실질적인 부처님의 가르침이 담겨
있다는 점을 강조하고 있다.

경전에 대한 대성사의 확고한 견해는 남긴 게송에도 확연
히 드러나고 있다.

“시방삼세 나타나는 일체 모든 사실들과
내가 체험하고 있는 좋고 나쁜 모든 일은
법신불의 당체로서 활동하는 설법이라
밀密은 색色을 이理로 하여 일체세간 현상대로

불의법과 일치하게 체득함이 교리이니
체험이 곧 법문이요 사실이 곧 경전이라

현교경은 문자로서 유식해야 알게 되고
밀교경은 삼밀로서 무식해도 알게 되네
오직 삼밀 행자만이 이 법문을 보는 고로
유식무식 차별 없이 각각 자기 환경 따라
좋은 길과 나쁜 길을 능히 나눠 알게 하게 되니
좋은 길을 버리고서 나쁜 길을 누가 가랴
선악인과 밝게 알아 고苦 여의고 낙 얻으며
무진법문 넓게 아니 깨쳐 성불하게 된다.”

역경작업과 더불어 교화에 참고가 되는 경전의 편찬 작업
도 시작하였다. 밀교 교리와 역사를 정리한 ‘총지법장’과 경
전 삼장 중에서 중요한 가르침을 뽑아 불교의 바른 이해를
돕기 위한 ‘응화성전’의 편찬과 번역 작업을 시작했다.

법계의 감응이 있어 불사의 인연이 닿아 대구 청구대학의
불교 관련 문헌들을 양도받게 되는데, 그중 밀교 관계 도서
들을 확보하게 된다. 대성사는 그중에서 옥과 돌을 골라내고
체계를 잡아 번역하고 편찬해갔다. 이 중대한 불사는 모두

대성사의 책임으로 이루어진 것이다. 이렇게 결집된 밀교 경전과 가르침은 지금까지 현대 한국 밀교의 귀중한 자산으로 무명의 법계를 비추고 있다.

진각종은 초기의 어려움을 딛고 안팎으로 자리를 잡아갔다. 교세도 뻗어 나가고 있었다. 당시 불교계는 비구와 대처의 대립으로 극심한 혼란과 분란을 겪고 있던 때였다. 정화와 왜색 탈피를 내세우면서 시작된 일이지만 대중들에게는 절 뺏기와 폭력 사태가 두드러져 불교에 대한 부정적인 인식도 전해졌다.

그 첫 출발은 불교 내부의 고민과 수행의 결과가 아니었다. 이승만 대통령이 외국 손님과 함께 서울 정릉 절에 방문했는데, 사찰에 널린 기저귀와 속가의 옷, 그리고 일왕의 만수무강을 축원한 일제 잔재의 글들을 보고 크게 노하여 "대처는 일제의 잔재이니 사찰에서 몰아내라"고 지시한 일이 있었다. 이에 당시 소수였던 비구승들이 권력의 지지를 받고 대처 측과 사찰 분배를 두고 협의했으나 대처승들의 거절로 걷잡을 수 없는 분쟁으로 번지게 된다.

종교의 정화는 반드시 필요한 일이다. 가르침은 때때로 시대에 따라 왜곡되고 변질될 수 있으며 그 안에 몸담은 이들이 반드시 청정하지 않다는 것은 역사적인 사실이다. 역사적으로 반복되는 종교개혁과 새로운 교단의 출현은 그런 정화의 노력이 담겨 있다.

하지만 그 실천과 방법의 모색이 종교적인 길을 벗어날 때 진리를 더럽히는 거짓과 돌이킬 수 없는 상처를 남긴다. 경찰과 군대까지 동원된 대처승 몰아내기가 전국 사찰에서 벌어졌다. 대처 측도 타협과 관용을 외면하고 절 지키기에만 몰입했다. 그러나 공권력을 등에 업은 상대를 이길 수는 없는 것이 시대의 추세였다.

당시 소수였던 비구승들은 세 불리기를 위해 앞뒤를 가리지 않고 세력을 넓혔다. 수행과 계율의 청정은 뒷전의 일이 됐다. 무조건적인 몸집 불리기에 나서, 출신을 가리지 않고 자기편 만들기에 나섰다. 이후 한국불교 분쟁사에 빠지지 않고 등장하는 폭력 사태는 이때부터 예견된 일이었다.

대성사는 이 비극적인 사태를 냉철하게 지켜보고 있었다. 불교의 제1 교리가 다름 아닌 불살계不殺戒, 즉 그 어떤 생명이거나 심지어 자신의 마음에서마저 폭력을 일으키지 말라는 비폭력이 행동의 필수적인 규범이며, 수행자는 사생의 자부로서 일체를 자비로 대해야 하나 현실은 그렇지 못했다. 정화를 명목으로 곳곳에서 폭력이 춤추고 있었다.

새로운 시대에 필요한 것은 헌 옷을 누가 빼앗아 입을 것인가 하는 문제가 아니라 시대정신에 맞게 가르침과 신행으로 세상에 본을 보일 모범이 필요했다. 수단이 잘못되면 목적 또한 왜곡될 수밖에 없는 법이다. 당시의 현실은 밀교야말로 새 시대를 위해 반드시 필요한 가르침이라는 확신을 심어주었다.

자비 교단이라는 불교에서 무자비한 일들이 줄을 잇고, 심지어 수행자의 폭력과 자해행위가 호법의 가면을 쓰고 벌어졌다. 결코 있어서는 안 될 일이 일어난 것이다. 세상은 불교 교단의 정화로 보는 것이 아니라 절 뺏기 전쟁으로 규정하고 있었다. 부처님 가사 장삼을 입고 폭력이 벌어지는 일은 시대의 비극이다.

불교를 보는 세상의 시선은 냉소로 변해가고 있었다. 수행자를 폭력을 앞세우는 이들로 보고, 불법은 잿밥 차지하기로 보는 차가운 눈길이 몰려왔다. 그와는 확실히 다른 가르침을 세상에 전해야 할 사명이 커졌다.

이전과 다른 불교가 여기에 있었다. 누구나 생활이 수행이 되고 생활을 통해 진리가 드러나는 가르침이 있다는 소식은 세상에 신선한 충격을 주었다. 대립이 아니라 조화이며, 폭력이 아니라 안과 밖의 평화가 있는 가르침을 밀교를 통해 드러낸 것은 대성사의 한결같은 신념의 결과였다.

대성사는 대소승과 다양한 종파, 복잡한 수행의 단계에서 왜 밀교가 가장 높고 궁극적인 가르침인지를 이렇게 밝혔다.

"밀교는 최상승最上乘 또는 금강승金剛乘이다. 완전히 조화를 이룬 세계의 이론적이며 실천적인 실현이다. 본능에만 따르며 자신을 돌아보지 못한 동물적인 생활이나 자신의 이익만을 좇는 생활에서부터 윤리와 도덕을 배우고 행동하는 단계를 거쳐 인간의 의식과 자연현상을 되짚어 절대 조화에 도달하는 것이 밀교이다. 그러므로 밀교에는 가장 낮은 욕망과 가장 높고 거룩한 이상이 모두 포함되어 있다. 뒤섞여 있는 것이 아니라 저마다 가진 곳에 있으면서 전체가 일대 조화를 이루고 있어서 마치 악기로 치면 대 교향곡을 연주하는 것과 같다. 낱낱이 따져 들으면 잡음이나 조화롭지 못한 소리가 들려도 일체가 오케스트라의 요소인 것이다."

혹 교도나 세상 사람이 비구·대처 분쟁을 빌미로 불법을 낮춰 이야기하는 소리를 들을 때면 대성사는 이 같은 말로 조용히 타일렀다. 현실에서 불협화음이 들리더라도 전체를 보는 안목을 갖추라고 당부했다. 진리만을 보기에도 버거운 것이 짧은 인생의 일이니, 부질없는 잡음에 크게 마음 쓰지 말라는 것이다.

기성 승단의 불협화음을 들으면서 밀교에 대한 대성사의 믿음은 더 굳어갔다. 홀로 생각만 하는 것이 아니라 불교 수행의 가장 높은 단계에 이르기 위해 필요한 경전 내용과 의궤를 찾고 펼쳐 보였으며 스스로 생활 속에서 드러내 보이니 교단 안에서 신임은 깊어졌고 교도들이 대성사의 가르침에 의지하는 바가 더 커지고 있었다.

대성사는 법문을 할 때나 심인당에서 교인을 대할 때, 경전을 번역할 때도 한결같은 모습을 잃지 않았다. 진실된 말이 아니면 입에 담지 않았으나, 늘 웃음과 유머를 잃지 않았다. 상대를 꿰뚫는 강한 눈빛에 처음 보는 이들이 모두 굳었으나 한두 마디 이야기를 나누다 보면 그 빙그레 웃는 모습에 대성사의 진면목을 알게 된다고 했다.

어린 사람이나 나이든 이를 똑같은 자세로 대하였다. 어리다고 무시하거나 하대하는 일은 결코 없었다. 나이든 이들이 혹 교리를 이해하지 못해 엉뚱한 질문을 할 때도 그가 알아들을 때까지 진심을 다해 말을 이어갔다. 같은 질문을 수없이 해도 웃음을 거두지 않았다.

누구나 대성사를 만나면 첫째는 엄숙함에 기가 죽고, 둘째로 이야기를 나누다 보면 그 자상함에 마음이 풀렸다고 한다. 교인을 대하는 자세는 자기 수행의 과정과 결과일 뿐 아니라, 몸과 마음과 말이 진실에 다가선 증거가 된다. 세상 사람은 스승의 말과 행동을 통해 진리에 다가설 수 있고, 거짓에 절망할 수도 있다. 한쪽에서 불교를 내세우며 전쟁을 벌일 때 대성사는 오롯이 진실한 모습으로 세상에 밀교의 가르침을 전하고 있었다.

교인들의 질문은 비단 교리와 수행에 대한 것에 국한되지 않았다. 누구나 다급하고 어려운 일이 있으면 심인당을 찾았다. 늘 한결같이 "불공 잘 하면 감응을 얻는다."고 답했지만, 반드시 종교적인 가르침만 준 것은 아니었다.

마음에서 일어난 번뇌는 마음잡는 길을 알려줬다. 세상살이의 고난은 일체가 무상하며 상황과 조건은 언제나 변한다는 사실을 자신의 경험을 들어 세세히 설명했다. 미움으로 분노하는 이들에게는 육자진언으로 관세음보살의 마음을 얻는 길을 일러주었다.

누구나 듣는 사람의 입장에서 알아듣도록 이야기했으니 대성사를 만나 말하는 것만으로도 얽힌 마음의 가시풀이 사라짐을 느낄 수 있었다. 차츰 주변에 사람들이 모였다. 스승들도 심인당의 운영과 교도를 대할 때 어려움이 생기면 대성사를 찾아와 속을 털어놓았다. 어떤 경우에도 싫은 기색을 보이지 않고 진심을 다해 자신이 아는 바를 나누었다.

당시 대성사로부터 길을 찾은 이들은 한결같이 하는 말이 있었다.

"평범한 이야기같으나 남이 보지 못한 길을 알려주셨다."
"어렵지 않게 일상적인 말로 깊이 있는 세계를 전해주셨다."

가르침의 가피를 입은 이들의 공통된 기억이다.

그 전하는 방법이 삿되거나 경전을 벗어나거나 확신 없는 말이 아니라 듣는 즉시 매듭이 풀리는 경험이 있었다고 한다. 한 번 들으면 모든 의문이 풀리는 확실한 법문을 들을 수 있었다고 한다.

말은 쉬우나 길을 여는 일은 어려운 일이다. 누구나 자기 앞에 막힌 길이 있으면 '대성사를 찾으면 해답을 얻을 수 있다'는 것을 당연한 일로 여기게 됐다. 삼밀의 가르침은 경전 속 내용이 아니라 현실에서 눈으로 보고 들을 수 있는 실제가 됐다.

경전 번역과 의궤의 제정, 그리고 스승들에 대한 교육에 전
념하고 있을 때 종단의 미래를 좌우하는 또 하나의 큰 결정
이 내려진다. 당시 진각종은 종단의 최고 지도자를 '널리 가
르침을 펼친다'는 뜻으로 선교宣敎의 칭호로 불렀다. 초대 선
교는 회당 대종사이다. 명실공히 종단을 이끄는 최고 책임과
권한을 가진 이가 진각종 선교이다.

　종단이 점차 안정기를 지나 발전기에 들어서면서 조직은
커졌고 한 사람이 행정과 교법을 모두 통솔하기보다 이원적
인 체제를 만들기로 했다. 그러면서 최고위인 선교 위에 상
징적으로 교법의 대표 격인 인정印定이란 지위를 새로 만들
었다. 인정은 심인心印의 인정認定을 뜻하는 말이다. 현교 교
단의 종정宗正에 해당하는 지위이다.

　1957년 11월 18일 대성사는 진각종 선교로 추대된다. 전
쟁 중 입교하여 그야말로 이른 시일 동안 교단의 기틀을 잡
고 교리를 정비하는 일에 헌신한 결과를 종단 안팎에서 공인
한 결과이다. 1955년에 정사로 승진한 후 2년 만의 일이니
대성사에 거는 종단의 기대를 읽을 수 있다.

　종단의 크고 작은 일은 물론이고 전국 각지에서 교당을 세

우는 건축 불사까지 대성사의 주도로 진행되었다. 오랜 공직 생활과 꼼꼼한 성품 탓에 장부를 살펴 작은 허점도 용납하지 않았다. 실수나 잘못이 드러나면 당사자를 힐난하기보다 그가 진심으로 참회하고 잘못을 바로 잡아 잘못을 공덕으로 회향할 수 있도록 이끌어 일하는 이들로부터 원망 사는 경우가 없었다. 당시를 회상하는 이들은 장부를 펼쳐 눈길만 스쳐도 잘잘못이 드러났다고 한다.

종단 일을 하다 보면 대성사에게 상대의 잘못을 지적하는 일을 자주 겪게 된다. 대성사는 그런 일이 있을 때마다 상대에 휘둘리며 자기 운명과 이해를 남에게 맡기지 말라는 말로 타일렀다. 어느 누군가의 행동으로 자기 마음의 혼란과 신앙의 곡절을 겪게 된다면 시비로 진리를 훼손하는 일도 생긴다고 하였다. 그러나 어떤 일에도 공평함을 잃지 않았고 잘못은 적절한 방법으로 바로 잡았다. 한 번 잘못을 저지른 이도 그 경과에 따라 다른 책임을 주어 잘못을 만회할 수 있도록 이끌었다.

종무를 이끌어 종단의 성장을 탈 없이 주도했던 것도 선교로서 대성사의 업적이었다. 이로써 교단은 자리를 잡을 때까지 겪을 수 있는 잡다한 시행착오를 건너뛰고 완전히 자리를 잡았다. 전국 심인당 건설도 대성사의 관리로 여법하게 이루어지고 있었다.

그중에도 교리와 수행체계의 정비에 특히 힘을 기울였는데, 무엇보다 밀교 의식을 정하는 일이 중요했기 때문이다. 의식과 의궤가 밀교의 생명이며 비밀한 힘을 체험하는 핵심이라는 믿음 때문이었다. 의식이 없는 밀교란 현교와 다를바 없다는 것이 대성사의 지론이다.

"밀교란 의식을 주로 한다. 의식이란 특정한 시기에 다른 질서가 지배하는 그것이 의식이요 제전祭典이다. 또 특정

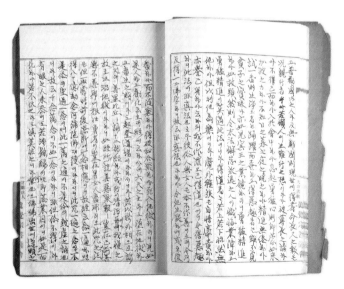

진각종 재시 대성사 육필 역경본

한 장소가 일반의 장소와 구별되는 것도 종교의 특색이다. 예를 들면 도량, 불단佛壇 등과 용구用具, 언어, 행동 등이 구별되어 일상생활과 달라서 시간時間, 공간空間, 물체物體, 동작, 언어 등이 성스럽다고 할 수 있다. 이에 상대하여 일상생활을 세속적世俗的이라고 하고, 순불교적인 생활을 출세간적出世間的이라고 한다."

그러므로 법계의 감응이 있으려면 밀교 의식이 제대로 자리 잡아야 한다는 믿음이 있었다. 이 시기에 만들어진 밀교의 각종 불공법과 의궤, 그리고 진언의 규정은 대성사가 현대 한국 밀교 의식을 기초부터 쌓아 올린 대표적인 성과이다.

1958년 드디어 경전의 정수를 모은 '총지법장'이 완성돼 4월 20일 대구 남산동 심인당에서 배포 불사가 진행됐고, 6월 15일에는 '응화성전'이 간행됐다. 밀교의 뼈와 살이 이루어진 것이다. 왜 이 시대에 밀교 수행이 필요한 것인지, 현교와 어떤 부분이 같고 상이한 것인지가 정립되었다.

경전을 배포하면서 대성사는 늘 간절히 당부했다.

"경전 말씀은 부처님께서 우리를 위해 가르침을 펼친 것입니다. 그러니 경을 대할 때는 언제나 지금 내 앞에서 부처님께서 나를 위해 이 가르침을 편다고 받아들여야 합니다. 그것이 부처님을 친견하는 길이 되고, 불보살님의 가지를 입는 방법이며, 법계와 일체가 되는 법입니다. 이제 경전이 갖춰졌으니 진리로 향하는 길잡이 삼아 바른 길로 걸어갑시다."

경전을 펼치면 그곳에 진리의 세계가 있으니 어느 때라도 부처님을 친견하고자 하면 진실한 마음으로 그 가르침을 만나라는 당부였다. 당시 현교 교단 어느 곳도 통일된 성전을 갖추지 못했던 실정에 비추어 보면 대성사의 역경과 경전을 반포하는 불사는 시대를 앞서간 길잡이가 된 것이다.

밀교 수행으로 산중 사찰과 출가자 중심의 불교가 아니라 현실 속에서 수행과 수행의 성취가 가능하다는 것은 불교의 흐름을 바꿀 만한 역사적인 사건이었다. 특히 경전을 우리말로 풀어 써서 누구나 뜻을 알 수 있고 마음에 새겨 실행할 수 있게 한 '응화성전'은 수행뿐 아니라 현실 세계의 지표가 됐다.

당시 불교계가 비구·대처 분쟁과 정화의 소용돌이에서 앞으로 나아가지 못하고 세상을 이끌 지도력을 보이지 못할 때

신생 밀교 종단의 이 같은 행보는 혼란한 한국 현대불교사에 큰 의미가 있는 중요한 사건으로 평가할 수 있다. 부처님의 가르침을 종단의 체계에 맞춰 새로운 해석과 편찬을 한 것은 시대를 앞서간 일로서 대성사의 종교적 통찰력의 결과물이다. 적어도 밀교 수행자들은 어두운 현실에 안주하지 않고 부처님의 가르침 속에서 미래를 향해 길을 만들어 가고 있었다.

진각종은 서울로 근거지를 옮겼지만, 여전히 종단의 중심축은 대구에 있었다. 대구는 종단의 주요한 기반인 종립학교 심인중고등학교뿐 아니라 교도 층도 여전히 많고 활발했던 곳이다. 종단 인재도 대구와 경북 일원에 가장 많이 포진하고 있었다. 특히 종단의 발상지인 대구 남산동 심인당은 여러 모로 상징적인 곳이다.

대성사는 1954년부터 남산동 심인당에서 교화하며 서울을 오가면서 교단 일에 전념했다. 서울은 교도들의 결집과 대사회적 행사가 아직은 어려운 제약이 있었지만, 대구는 언제든 종단의 결정으로 대중 집회와 사회적 발언이 가능한 이점이 있었다.

세상과는 달리 이 시절 대성사는 수행과 생활에서 평온함을 누리고 있었다. 전쟁 중 잃을 뻔했던 외아들은 학교로 복귀해 학업을 마치고 은행에 취직해 일하고 있었다. 남산동 관사는 찾아오는 교도들의 발걸음이 그치지 않았다. 언제나 편안히 대해줄 뿐 아니라 신앙의 문제와 현실의 문제 어느 것이나 진심으로 길을 일러주었기 때문이다.

스승은 교도의 사정을 잘 알아 보살피고 그를 위해 불공해야 한다는 것은 당시부터 대성사가 세운 스승의 원칙이었다.

"교도로서 병이나 급한 일이 생길 때는 반드시 스승에게 알려야 한다. 스승은 그 사정을 잘 알아서 찾아가 살필 일이 있으면 찾아가야 하고, 정진해야 할 것은 정진하고 희사해야 할 것은 희사하여 모든 재해와 고난을 없애주고 좋은 일이 일어날 때까지 항상 그를 위해 불공해 주어야 한다."

가르침 그대로 교도들의 생활을 살피고 좋은 일이 생기도록 이끌었다. 불공이 필요하면 불공하고, 재앙을 물리칠 필요가 있을 때와 정진이 필요할 때를 가려 일렀다. 종교는 단순히 옛 가르침을 답습하는 것이 아니라 현실의 고난을 구제하는 것임을 보여주었다. 자연히 남산동 사옥에는 사람들이 몰렸고, 심인당도 늘 활기가 넘쳤으며, 새로운 교도의 발길이 끊기지 않았다.

한국전쟁은 끝났지만 혼란은 막을 내리지 않고 있었다. 국제정세와 국내정치 상황은 전후의 평화를 무색하게 할 정도로 급박하게 돌아갔다. 정치와 종교가 분리된 세상이지만 종교인 또한 국가와 사회의 일원인 것도 사실이다. 대성사는 일제 강점하에 겪었던 일들을 뼈저리게 기억하고 있었다. 국가의 운명이 혼란을 겪을 때 종교와 수행 또한 힘을 잃게 된다는 사실이다.

대성사는 진각종의 대표인 선교로서 세상사에 대한 불교적인 발언이 필요할 때마다 앞서서 지혜를 제시했다. 종단을 대표할 만한 위의를 갖추고 현실을 꿰뚫는 문장력으로 세상을 향해 종교적 가르침을 펼치는 데 주저하지 않았다.

대표적으로, 1958년 3월부터 일본의 재일교포 북송 움직임이 있자 전국적인 항의가 일어났다. 3월 16일 대구역 광장에 정치 사회 종교단체들이 모여 북송반대 궐기대회가 열렸다. 대성사는 종단의 대표자로서 그 자리에서 유엔사무총장에게 보내는 전문을 낭독하였다.

자유와 종교, 그리고 국가관은 대성사의 확고한 신념이다.

자유가 없으면 종교의 생명도 시들어간다는 것이 평소의 지론이며 자주와 자각의 근거라는 것이 대성사의 믿음이다. 자유세계의 생명이 곧 자유와 종교에 달려 있기에 자유를 억압하거나 타인의 자유를 박탈할 만한 행위를 보면 당연히 항의하는 것도 종교인의 책무라고 가르쳤다.

"만약 고귀한 사람에게 자유를 주면 그것은 반드시 착한 사람이 되는 조건이 될 것이다.

만약 악인에게 자유를 준다면 그 자유는 방종으로 바뀌어 다른 사람과 대중의 자유를 침해하고 짓밟게 된다. 그 피해와 독이 주는 폐해가 커서, 종교로써 가르쳐 인간성을 바로 잡은 후에 자유를 주어야 할 것이다. 또 자유는 스스로 주인이 되어 자기 삶을 결정해 나가는 자주自主이며, 자신의 감정과 욕망을 스스로 다스려 나갈 수 있는 자제自制이다. 자주가 있어야 자각自覺이 있고, 자제는 올바르게 행동할 수 있는 계행戒行이 된다. 선을 행하게 되면 곧 자주가 바로 선다. 자제는 곧 악을 제어하는 것이다. 이런 까닭에 자유와 종교는 떼려야 뗄 수 없는 관계로 이어지고 곧 자유세계의 생명인 것이다."

이념과 사상의 대립으로 전쟁터가 되고 무간지옥으로 변했던 현실에서 벗어나 평화의 세계를 꿈꾸었으나 현실은 또 다른 혼란으로 이어지고 있었다. 이런 시대적 혼돈 속에서 대성사는 국가와 민족과 종교가 해야 할 일을 분명히 밝혀 앞장서 나갔다.

1959년 세계 불교도들이 함께 아픔을 느낄 비극이 벌어졌다. 불교국가로서 특히 밀교 수행의 정수가 보존된 신정국가 티베트가 중국의 침략을 맞았다. 소위 서남공정이다. 한국전쟁에 참여했던 인민해방군은 종전이 되자마자 쓰촨성에서부터 티베트를 침공하기 시작했다. 잘 무장된 병사들은 거칠 것 없이 종교적 가르침이 지배하는 세계의 고원으로 밀어닥쳤다. 유물론과 공산주의의 관점에 승려와 봉건귀족들은 인민을 착취하는 계급으로, 그 자체가 타도의 대상으로 보고 있었다. 티베트 암도와 캄 지방에서 저항이 있었지만, 현대 무기로 무장하고 한 차례 전쟁을 통해 훈련된 병사들 앞에서는 적수가 되지 못했다.

승려와 사원이 파괴되고 제14대 달라이라마는 인도로 망명했다. 3월 22일 라싸가 함락되고 포탈라궁이 인민해방군의 수중에 넘어가자 대성사는 종도와 함께 대구역 광장에서 규탄대회를 열고 침략에 항의하는 결의문과 유엔과 미국 지도자에게 보내는 성명서를 채택했다.

이념 대립으로 냉전이 시작되는 시기 민주주의와 공산주의에 대한 대성사의 의지는 확고하였으니, 자유와 평등의 갈등에 대한 해법은 불교에 있다는 점을 분명히 했다.

"사람들은 다 자유와 평등을 말하나 둘은 양립할 수 없는 모순적인 개념이다. 민주국가가 가장 중요시하는 것은 자유이다. 자유와 평등은 일치하지 않는다. 인간이 자유로우면 불평등해진다. 그 불평등을 없애기 위해 통제하면 부자유하게 된다. 사회주의 국가에서는 평등을 유지하기 위해서 자유를 통제한다. 그런데 가장 자유로운 사람은 걸인이요, 가장 평등한 곳은 감옥이 아니겠는가. 그러나 사람들은 걸인이 되는 것과 감옥에 가는 것은 원치 않는다. 불교는 자유와 평등을 다 같이 누릴 수 있는 길이 있다. 해탈을 통해 자유와 평등을 한꺼번에 얻는다. 불교佛敎처럼 자유로운 것이 없고 평등한 가르침이 없다."

전후 이념의 갈등과 정치적 대립에 대한 불교적인 해답을 제시한 것이다.

이후에도 대성사는 사회적 문제를 대할 때 물러서서 방관

하지 않고 불교가 내놓을 수 있는 현실적 대안과 방향을 줄곧 제시했다.

종립 심인중고등학교는 진각종이 지향하는 종교의 사회적 역할을 충실히 수행하는 기반이 되었다. 오랜 기간 교육자로 일했던 대성사의 경력은 학교 운영과 교육에도 깊은 영향을 끼쳤다.

1961년 군사쿠데타로 사회와 학교 모두 큰 혼란에 휩싸였다. 군사정부는 학교 운영에 깊숙이 관여하여 교원 인사도 좌지우지하려고 하였다. 대성사는 외적인 압박 속에서도 종교적 정체성과 정당성을 내세우며 여법하게 교무를 이끌어 갔다. 학생들에게 동요하지 말 것을 당부하고 이를 위해 10월 14일부터 전교생을 대상으로 매주 수요일 1시간씩 심학 시간을 만들었다.

이 날만큼은 대성사가 직접 학생들에게 수행과 마음을 통해 현실을 바로 대하는 법을 가르쳤다. 심학 시간은 회당 대종사와 대성사가 맡아 직접 밀교의 가르침을 설하는 의미 있는 시간이 되었다. 종립학교에 필요한 것은 다름 아닌 종교적 원칙과 교리에 따른 마음공부라는 사실을 확실히 했다.

학생들에게는 주로 어떻게 사는 것이 바르고 값진 것인가를 그들의 눈높이에서 설명했는데, 대성사가 전하고자 했던 불교의 기본적인 내용은 이와 같은 것이다.

"불교는 자율적이고 자주적인 인격 완성을 추구한다. 내
세를 위해 천상세계에 나는 것이 목적이 아니다. 그런 부
분 또한 방편을 들어 가르친 것이며, 현세에 있어 자율적
이고 자주적인 인격을 닦고 얻는 것이 불교의 목적이다."

불교가 염세주의적이거나 내세주의를 지향하는 것처럼
비치는 면도 없지 않으나 대성사는 심학 시간을 통해 젊은
세대에게 부처님의 가르침을 바르게 전하기 위해 분투하
였다.

뿐만 아니라 학생들에게 종교적 탐구와 실천이 필요한 부
분을 강조했으니 종립학교의 정체성을 위한 특별한 교육 시
간이 되었다.

"현실적 문제를 추구하는 것도 중요하겠으나, 도를 닦는
일은 종교적 욕구를 충족하기 위해 영원한 진리를 얻으려
는 인격적인 노력이다. 그러므로 단순히 배우고 아는 것
을 넘어 반드시 실천 수행이 따라야 한다. 혼란스럽고 어
지러운 현실은 결코 신이 만들어 낸 것이 아니다. 또한 원

인 없이 빚어진 것도 아닌 것이다. 오직 인간 스스로 책임
지고 불행한 현실을 극복하지 않으면 안 된다는 사실을
알아야 한다. 여기에 인간성의 가치를 닦는 데 물러서지
말아야 할 필요가 있다."

질풍노도의 시기에 사회적인 혼란까지 겹쳐 갈피를 못 잡
을 수도 있을 청소년기에 대성사가 일주일에 한 번씩 직접
들려준 심학 시간은 영혼의 샘물이자 종립학교가 마땅히 해
야 할 바를 밝혀 진정한 인간교육을 선도한 표본이 된다.

이 무렵 대성사의 남산동 집에는 가족이 늘었다. 서울에서
직장생활을 하던 아들 순표가 자녀와 부인을 대구로 보내 대

종단 개혁을 추진하던 1970년 진각 종조전 앞

성사를 모시게 한 것이다. 심인당과 종단 일에 바쁠 때 집에서 손녀의 웃음을 대할 수 있었던 것도 이 시절 대성사의 소소한 기쁨이 되었다.

대성사를 잘 아는 이들은 한결같이 매사에 엄밀함을 회상한다. 늘 웃음을 잃지 않았지만 허튼 말을 입에 담지 않았고 정해진 일은 때와 시기를 미루지 않았다. 하얼빈 시절부터 몸에 밴 이런 정확함은 마음에 의심이 있으면 그저 지나치지 못하고 그 전말을 깨쳐 해결할 때까지 몰입하는 진지함으로 이어졌다.

진각종 시대를 열고 초창기에 수행법과 의궤를 서둘러 정하면서 대성사의 마음 한편에 명료하지 않은 의심이 늘 남아있었다. 특히 진언수행의 중심이 된 관세음보살 육자진언의 경전적 근거를 찾기 위해 마음을 다하였는데, 당시 상황은 대장경 전체를 낱낱이 찾아보기 어려운 실정이라 미뤄두고 후일을 기약할 뿐이었다. 종단 안팎의 일이 분주하였고 종단 총책임자인 선교라는 막중한 직을 맡고 있었기에 교리 연구에만 힘을 기울일 형편이 되지 못하였다.

창종 이래 진각종은 육자진언 염송을 수행의 중심으로 삼았다. 육자진언이 관세음보살의 본심이며 이로써 심인의 상징으로 본 것이다. 비로자나불을 교주로 삼고 수행의 본체는 관세음보살을 세우고 있었다. 때로는 관세음과 아미타불의 명호를 호명염불할 때도 있었으니 종교 체계가 완비되기 전이라 혼돈하는 경우가 있었다. 이는 밀교의 기반에서 수행과 신앙 전반을 완전히 체계화하지 못한 부분이 남아 있었기 때문이다.

교판教判에 대한 미흡함은 늘 대성사를 압박하는 요인으로 남았다. 방대한 불교의 가르침을 밀교의 입장에서 종합하고 체계를 세우는 교상판석教相判釋은 바른 신앙을 위해서도 반드시 필요한 요소라는 것이 대성사의 견해였다.

"가정에는 모름지기 조상의 내력이 필요하고, 국민은 곧 국가의 역사를 알아야 한다.
신앙생활을 하는 사람은 모름지기 교상판석을 알아야 할 것이다."

그런 점에서 대성사의 입장에서 진각종은 신흥 종단으로 힘찬 걸음을 내디뎠지만, 밀교적 원리로 불교 전체를 회통하여 교리와 체계를 온전히 세우기에는 미흡한 면이 있다고 보았다. 밀교 수행을 내세웠지만 정통 밀교로 가는 길은 멀다고 파악하였다. 이는 후일 새로운 길을 열고 진각종에서 나오게 되는 중대한 요인이 된다.

생자필멸, 태어난 것은 반드시 소멸의 시간을 맞게 된다. 운명의 시간이 닥쳤으니 1963년 10월 16일 대구 침산동 심인당, 지금의 불승 심인당에서 회당 대종사가 열반에 들었다. 대종사는 그해 회갑을 맞았으나 세상과 인연을 남길 시간은 그리 길지 않았다. 갑작스럽게 드러난 지병으로 육신의 기력이 다하게 되었다.

열반에 들기까지 세 차례 뒷일을 당부하였는데, 대성사는 종단 책임자로서 모두 참석하여 회당 대종사의 뜻을 듣고 후일을 함께 논의했다. 두 분은 서로 말이 필요 없이 눈만 마주쳐도 마음을 전할 수 있는 믿음이 있었다. 밀교를 중흥하자는 두 성인의 기약은 조금의 틈도 없이 굳게 맺은 결의였기 때문이다.

대종사는 임종 전날 마지막 법문을 남겼다.

"옛날에는 의발이요 이제는 심인법이라."

심인불교라는 새로운 불교를 시작한 지 17년, 세속의 인연 62년을 밀교를 세우는 일에 바치고 생을 마쳤다.

장의는 진각종 종단장으로 치렀고 장의위원회 위원장은 대성사가 맡아 밀교 중흥의 씨앗이 된 회당 대종사가 가는

대성사는 진각종 총인으로 종단을 이끌었다.

길을 여법하게 밝혔다. 돌아보건대 사람의 인연 또한 법계가
정한 것이며, 대성사와 회당 대종사의 만남은 이 땅의 밀교
를 열었으니 그 인연의 무게는 무겁고 컸다.

회당 대종사의 유지를 잇기 위해 1964년 3월 23일 종제
개편과 종헌 개정을 위한 논의가 열렸다. 종단 최고위직으로
총인總印이란 직책을 새로 만들었다. 선교에서 인정, 그에 이
어서 총인 직이 생겨 진각종을 이끌어나가게 된 것이다. 행
정기관으로 통리원과 의결기구로 종의회, 종단 전체의 감사
를 맡은 사감원 등의 새로운 체계로 다시 태어났다.

그다음 날인 3월 24일 바뀐 직제와 절차에 따라 주요 임원

1970년대 초 진각종 스승들과 함께

이 선출됐다. 종단을 이끌 총인으로 대성사가 선출되었다.
이미 회당 대종사의 유지가 그러했고 종단 내 스승들의 절대
적인 신임을 받고 있던 터라 대성사의 총인 직 수락은 진각
종의 미래에 대한 종단 전체의 기대와 염원의 결과였다. 진
각종 초대 총인을 대성사가 맡은 것은 종단 전체의 뜻이었
다. 그리고 이때부터 종단의 정식 명칭으로 '진각종'이라는
이름을 사용하게 된다.

대성사가 총인 직을 맡으면서 이룬 일 중 눈에 띄는 것은
현재 진각종 총본산이 있는 하월곡동 대지를 매입하여 불사
를 시작한 일이다. 종조비와 사리탑을 비롯해서 회당 대종사

의 위업을 추모하는 일도 흩어짐 없이 진행됐다. 아직도 하월곡동 총본산 한켠에 자리잡은 추모비의 문장은 대성사가 남긴 것이니 진각종에 남긴 자취는 지울 수도 감출 수도 없는 것이다.

1964년도 법의정대 및 제1회 구족계단기념 사진

제4장

구경의 법

창종

진각종 총인이 된 후에도 대성사는 역경과 교리 확립, 밀교 의식의 규정을 위해 모든 노력을 기울였다. 밀교는 현대사회에 꼭 필요한 부처님의 가르침이며, 현실 속에서 정법이 구현되고 대승의 원력으로 개인과 세계를 구제할 근본이라 믿었기 때문이다. 그러니 하나의 진언, 하나의 의식, 하나의 경전 낱낱을 귀하고 소중하게 여겼다. 자신에게 주어진 소명은 밀교의 가르침을 진실하고 틀림없이 세상에 전하는 일이라고 믿었다.

밀교 경전을 구하기 위해 일본으로 건너가 책과 경을 구해오는 일도 번거로움을 감수하며 기꺼이 맡았다. 밀교 교리의 심도 있는 연구를 통해 소의경전의 발굴도 이루어졌는데, 대일경, 대승이취육바라밀다경, 반야심경 등이 추가되었다. 경전을 근거로 밀교 수행을 정확히 하기 위한 노력이었다.

수행과 교리를 모두 부처님 법에 맞게 갖추는 일은 쉽지 않았지만 다른 이에게 맡길 상황이 아니었다. 당시 교도들과 스승들도 밀교 교리에 대한 깊은 이해를 갖춘 이들이 많지 않았다. 수행으로 밀법의 오묘함을 체득한 이들은 있었지만 경전을 해박하게 이해하는 노력은 수행에 대한 열의만큼 깊지 않았던 점도 있었다.

1965년 6월 22일 전국적인 반대 속에서 한국과 일본 사이의 한일기본조약이 체결됐다. 그에 따라 한국과 일본 문화 교류의 물꼬를 불교계에서 텄는데, 1968년 해인사에서 열린 한일불교도대회는 대성사의 종교 이력에 큰 전환점이 된다.

대회에 참석한 일본불교 대표들은 밀교를 표방한 신흥종단 진각종에 큰 관심을 보였다. 현교 종단들에 비해 수행과 외형이 모두 달랐기 때문이다. 일본불교 대표단은 심인당을 방문해 본당을 둘러보고 대성사에게 이런 의문을 남겼다.

"진각종은 대일여래를 교주로 모시면서 진언은 관세음보살 육자진언으로 하는 것은 수긍할 면이 있다. 하지만 대일여래의 지권인을 수인으로 수행하는 것은 납득하기 어려운 일이다."

즉 신밀과 구밀의 수행이 일치하지 않는 점은 밀교의 근본 수행법과 거리가 있다는 것이다. 게다가 육자진언을 염송하는 근거로 어떤 경전을 소의경전으로 삼는가를 물었으나 당시에는 딱히 답할 내용이 없었다. 교리 체계가 미비한 것은 어쩔 수 없는 현실적인 부족함이었기 때문이다.

정통 밀교와 유사 밀교를 가늠 짓는 잣대는 분명했다. 대성사는 이미 확신에 차 있었다. 그 차이에 대해 이렇게 설명했다.

"대일여래大日如來를 교주敎主로 하지 않거나 대일여래를 교주로 하더라도 삼밀을 경궤經軌대로 하지 않고 관법觀法과 사종수법四種修法이 결여되면 그것을 유사밀교類似密敎라 한다. 밀교의 삼밀은 본존本尊과 그 본존의 진언眞言과 그 본존의 결인結印이 합치되어야 완전한 삼밀이 되는 것인데 이것이 합치되지 않고 본존과 진언과 인상印相이 각각 다른 불보살의 것을 종합하여 삼밀관행三密觀行을 하는 것은 이것이 유사밀교類似密敎가 되는 것이다. 왜냐하면 경궤에 어긋나고 삼밀의 원리에 위배되는 까닭이다."

정통 밀교를 바로 세우려는 의지가 대성사의 심중에 무겁게 남았다. 납득하지 못할 일을 지나쳐 넘기지 못하는 성품이라 경전을 샅샅이 뒤지기 시작했다. 밀법에 대한 조그마한 조각이라도 있으면 경전 전체를 살폈다.

당시 연구 환경은 지금과 같지 않아 국립중앙도서관과 동국대학교 중앙도서관에서만 대장경을 살펴볼 수 있었다. 고려대장경과 신수대장경 전체를 뒤지고 연관되는 내용을 찾으면 공책에 옮겨 적어 일일이 필사하거나 사진 촬영을 해서 사본을 만들었다. 그것을 일일이 해석하고 주석을 다는 어려운 작업을 홀로 해야 했다. 종단에는 그럴 인력과 여유가 없었기 때문이다.

이런 뼈저린 노력으로 대성사가 찾아낸 것이 대승장엄보왕경大乘莊嚴寶王經이니 밀교의 뿌리와 관자재보살의 인연을 밝힌 것이다.

"석가모니불 이전 과거불인 시기불 때 관자재보살이 이미 보왕경을 설하고 또 비사부불 때는 부처님이 인욕선인忍辱仙人으로 계실 때 관자재보살로부터 보왕경을 들었다는 것을 보면 밀교의 역사는 그때부터 시작되었다고 할 것이다.

그 후 무수한 겁의 시간이 지나 부처님이 입멸한 후 800년대에 남천축 철탑 속에서 십만 송의 밀교 경궤가 출현하여 대일여래大日如來, 금강수보살金剛手菩薩, 금강지金剛智, 선무외善無畏 등에 의하여 혜과惠果에게 전하고, 혜과로부터 신라에서 혜일惠日과 불가사의不可思議가 그 법을 받았고, 일본에서는 공해空海가 법을 받았으나, 공해보다 혜일이 먼저 법을 받았으니 법형法兄이 되는 것이다."

당시 밀교 경전 대부분을 살펴며 대성사는 밀교의 근본과 수행에 대한 확고한 믿음을 갖게 된다. 신라 이후 흩어진 밀교의 맥을 제대로 세우는 일이 자신의 할 일이란 점은 분명했다. 끊어진 길을 다시 이어가려면 난관이 있고 당장은 세상의 이해를 구하지 못하리라는 것도 알았다.

진각종과 맺은 인연을 마칠 순간이 다가오고 있었던 것이다. 대승장엄보왕경을 찾아 육자진언의 연유를 밝힌 후 대성사가 몰입한 것은 밀교 신행체계의 확립이다. 남의 이해를 구하기 전에 자신부터 납득할 수 있어야 했기에 치열한 탐구와 내적인 증명이 필요했다.

경에서 설해지는 "관자재보살이 중생을 구하기 시작한 것은 무량겁 전, 비바시불 때부터이다."는 구절을 통해 관자재보살이 경전상 모든 관음의 원초이며 근본이라는 것은 명백해졌다.

관세음보살이 인간세계를 교화하기 위해 현신하는 분이 준제관음보살이며, 준제는 청정을 뜻한다. 그러므로 완전한 수행을 위해서는 준제관음진언인 '나무 삿다남 삼먁삼못다 구치남 단야타 옴 자례 주례 준제 사바하'를 염송하고 수행하는 방법을 병행해야 한다는 점을 밝혔다. 이것이 소위 준제관음법인데, 이는 현대 한국밀교사에 큰 파장을 일으켰다.

준제진언은 모든 진언을 두루 통하고 있으므로 진언 중에 진언으로 바다와 같은 진언이며, 불모다라니라 하는 연유이다. 칠구지불모준제대명다라니경에는 준제진언이 "일체 재앙을 소멸하여 부처님의 깨달음을 신속히 성취하도록 하는 위력을 갖추고 있다."고 설한다. 어떤 경우에도, 어떤 업의 과보 속에서도 누구나 받아 외울 수 있으니 중생을 위한 진언이고, 여의주와 같으니 모든 진언을 염송할 수 없다면 준제진언만이라도 염하라는 것이 예부터 전하는 가르침이었다. 진언의 위력뿐 아니라 깊이 있는 염송은 주변을 청정하게 하고 진언자를 청정하게 하며 어떤 장애도 넘게 하는 힘을 갖추고 있다는 것이 전래되는 내용이다. 대성사는 준제진언의 수행법을 찾아낸 순간 한편 환희심을 얻었고 한편 앞날의 장애를 알 수 있었다. 진실과 진리는 모두를 위한 일이지만, 인간의 욕심은 바로 볼 수 있는 눈을 가리는 법이다.

세상에 순응하는 자는 진실을 덮어야 하는 경우가 오면 자신의 안위를 위해 돌아가는 일이 있다. 그러나 스스로 밀교

1970년 10월 10일부터 15일까지 한
국에서 개최된 세계불교종단대표컨
퍼런스에 한일불교친선협회 부회장,
대한불교 진각종 대종사 자격으로 대
회 부단장으로 참여하며, 밀교 종단
의 위상을 높였다.

행자이며 관세음보살의 뜻으로 일체를 구하겠다는 원을 세운 이는 어떤 어려움도 두려워하지 않는다. 진실 앞에 두려울 것이 없기 때문이다. 대성사는 준제관음법을 펼치면서 자신 앞에 놓인 세상의 오해와 장애를 알고 있었다. 허나 자신의 뜻을 굽힘으로써 세상을 무명으로 이끈다면 그 또한 밀교 행자의 길이 아님도 마음에 새기고 있었다.

대성사는 1971년 이의 시행을 진각종 원의회와 종의회에 제안하였고, 만장일치로 가결되었다. 불명확하고 불합리한 의궤를 보완해야 한다는 데 대다수의 승직자와 교도들이 공감했지만 당장 준제관음법의 취지를 의심하는 일이 벌어졌다. 회당 대종사 재세 시 시행했던 수행법을 절대 바꿀 수 없다는 반대 입장이 대두되면서 종단은 흔들렸다. 정해진 것은 바꿀 수 없으며, 새로움을 내세워 옛 자취를 지우려 한다는 주장과 곡해가 빗발쳤다. 오해의 뿌리에는 대성사가 회당 대종사의 흔적을 지우고 종단을 자신의 것으로 만들려 한다는 의심이 있었다. 회당 대종사의 권속을 중심으로 일부 스승들의 항의가 닥쳤다. 소위 준제파동이다.

대립과 갈등이 심화되고 분종의 조짐마저 보였다. 결단을 내려야 했다. 원정 대성사는 20여 년간 회당 대종사와 함께 심혈을 기울여온 종단의 앞날을 먼저 생각했다. 분열을 원치 않았던 대성사는 1971년 12월 총인 직을 비롯한 모든 직책에서 스스로 물러났다. 회당 대종사의 영전에 아쉬운 작별을 고하고 조용히 발걸음을 돌렸다. 대성사를 따르던 이들의 동요와 분란을 막기 위해 아예 종적을 감추고 칩거에 들어갔다.

대성사의 대처는 오직 묵연默然. 어떤 경우에도 대꾸하지 않고 묵묵히 자신의 심중을 지킬 뿐이었다. 그 과정을 많은 이들이 보았고 여러 스승이 목격했다. 후일 대성사를 따라나선 이들은 이때 묵빈대처默賓對處하는 모습에서 진실의 모습을 발견한 사람들이다. 자신의 자리에서 움직이거나 대항하지 않고 오직 불경을 연구하고 밀교행자로서 진언과 수행에만 몰입했다.

바른 밀교수행법을 정립하여 진각종을 정통 밀교종단으로 한 단계 도약시키려던 대성사의 뜻은 무산되었다. 정법밀교에 대한 무지와 종단을 혼란에 빠트릴지 모른다는 오해로 뜻을 이루지 못했지만 원망하지 않았다. 그러나 일생을 걸고 실천했던 중생구제의 대원력을 여기에서 멈출 수는 없었다. 옴마니반메훔으로 불철주야 기도해 생사가 위태로웠던 아들을 구했고, 법신 부처님의 신묘하고 불가사의한 가지력加持力을 생생하게 확인한 대성사는 진언염송의 가피가 결코 우연이 아님을 체득하고, 수많은 밀교 경전 속 부처님의 가르침에서 찾아나갔다. 잊혀졌던 비밀의궤법과 다라니의 밀교수행법을 이대로 묻어야 하는가? 정통 밀교종단을 이 땅에서 구현하는 것은 정녕 헛된 열망인가?

대성사는 곧 100일 불공에 들어갔다. 시비를 가리지 않고 믿음을 법계에 맡기기로 했다. 서울 영등포구 상도동 거소에 은거하며 심중의 응답을 기다렸다. 기도와 수행이 깊어졌다. 주변이 고요해졌고 시비는 사그라들었다. 오직 정진만이 있을 뿐이었다.

세상에 본래 존재하는 법신 부처님을 마음 안에 온전히 담기 위해 염송했다. 민생고에 허덕이는 중생을 구제하는 참된 밀교수행법을 다시 확증하기 위해 몸과 마음을 바쳤다. 나라와 민족을 구하고 국민 한 사람 한 사람이 고통에서 벗어나 행복과 해탈을 얻는 진리의 방편을 체득하고자 온몸을 던졌다.

정진이 이어졌다. 두 손으로 맺은 결인은 우주 법계의 법신 부처님과 자비의 화현 관세음보살님, 그리고 간절한 진언행자를 하나로 이어주었다. 지극한 진언염송이 거듭되었다. 우주의 소리와 고통 받는 중생들의 소망이 소용돌이쳤다. 진언염송의 뜨거운 염원과 정통·정법의 밀교종단 창종을 위한 서원이 대성사의 몸과 마음을 채웠다.

그리고 백 일째 되는 4월 7일 밤, 원정 대성사는 백발의 노인으로부터 금관을 전해 받고, 다음날 밤 다시 백발의 노인으로부터 한 줄기 서광과 함께 "대승장엄보왕경과 준제관음법으로 교화하라"는 가르침을 받았다. 한 점 티 없이 바르고 깨끗하고 완전무결한 밀교법으로 중생을 고난에서 구하라는 불보살님의 부촉이었다. 대성사는 이를 관세음보살의 가르침으로 받아들여 심지를 세웠다. 밀교의 법은 몽수 전법된다는 것을 실제로 체험한 것이다.

1972년 6월 28일 대성사는 마지막 남은 명예직인 기로원장 직을 내려놓고 물러섰다. 신심 있는 이는 오직 사필귀정과 파사현정을 믿을 뿐 세상의 오해와 시비에 휩쓸리지 않아 용기 있게 자기 길을 걷는다. 대성사는 그렇게 자기 삶의 중요한 시간을 보낸 진각종에서 물러서 더 큰 빛의 길로 향하였다.

당장 진각종에서 거처를 옮겨야 했는데, 대성사로서는 갈 곳이 없었다. 궁여지책으로 인척의 집에 임시 거처를 구하였다. 당시 형수와 가족들이 정릉에서 목욕탕을 하였는데, 1층은 목욕탕이고 3층에 그 가족들이 살고 있었다. 비어 있던 2층에 임시로 거처를 정하였다. 대략 3개월 정도를 정릉 형수의 집에 의탁해 있었다. 그야말로 평생 사사로이 가지고 쌓아둔 것이 없는 구도자의 삶이었다.

그 후 서울 중랑구 상봉동 상봉역 앞 서울선교부 응신서원당應身誓願堂, 지금의 정심사에서 대성사는 수행을 하며 칩거하게 된다. 이곳에 머물면서 법계의 변화를 살폈다. 1972년 8월 27일부터 이곳에 머물며 밀교의 후일을 기약하였으니 정심사는 총지종의 요람이 된 곳이다.

대성사는 세상과 절연한 채 사람들과 만나지 않았는데, 상봉동에 머문다는 소식이 알려지자 여러 스승과 교도들이 줄을 이어 찾아왔다. 이때 대성사를 찾아온 이들이 록정, 환당, 청암, 현수, 불멸심, 법장화, 대자행, 복지화 등 진각종의 스승과 교도이다. 오래도록 대성사를 보아온 이들은 한눈에 밀교의 비법을 성취한 거룩하고 고요한 모습을 알아볼 수 있었다.

사람들은 대성사의 편을 들기도 하고 종단의 처사를 원망하기도 하였으나 대성사는 고요히 웃을 뿐 일체 원한을 삼지 말라고 가르쳤다.

"세상일은 무상하니 생한 것은 멸하고, 나타난 것은 변하는 법이다. 인연이 다하면 새로운 인연이 생기고, 전법은 멸하고 후법은 생기는 것이 불법의 요체이다. 너무 안타까워하지도 말고 마음에 미움을 담지도 말라. 법계는 어려움으로 복을 주고, 수행하는 이는 재앙을 스승으로 삼는 법이니 이 일이 후에 크게 좋은 길을 열어준다고 믿어야 한다."

미움도 원망도 없는 대성사의 태도에서 스승들은 그 수행법이 거짓되지 않다는 것을 배울 수 있었다. 어려움이 닥쳤을 때 마음을 굽혀 타협할 수 있었으나 대성사는 올곧은 마음으로 세상의 고난을 받아들였다. 그러니 시비는 자연히 가라앉고 사태의 실상을 목격한 이들은 무엇이 옳고 그른 것인지를 알고 있었다.

스승들과 교도들의 요청을 외면할 수 없었지만 대성사는 고요히 때가 되기를 기다릴 뿐이었다. 시절 인연이 닿아야 새로운 길을 열 수 있다는 심중의 뜻을 다지며 어떤 법을 펼까를 고민하고 있었다. 이미 방향은 정해졌고 대중들에게 필요한 것은 보다 명확한 신앙의 지표와 종교의 체계였다.

상봉동 대성사의 거처가 알려지자 고통을 짊어진 이들이 밀려왔다. 목마른 이가 샘을 찾아오듯 사람들의 발길이 이어졌다. 누구나 자신의 문제를 들고 와 대성사에게 길을 물었다. 오직 부처님의 가르침 안에서, 밀교수행법 안에서 그 고난을 여읠 방법을 가르치고 불공법을 전하였다.

사업에 실패하고 가정이 불화하고 원한이 가득한 이들이 찾아와 안에 갇힌 고통을 쏟아냈다. 대성사는 그저 듣고 그들에게 필요한 바를 가르쳤다. 진언이 필요한 이에게는 진언수행을 가르치고 희사할 수 있는 마음을 내어 욕심의 속박에서 벗어나도록 이끌었다. 특히 어려운 이들에게 육자진언과 함께 준제진언을 염하도록 했다. 단박 마음과 주변에 변화가 나타나는 체험이 이어져 대성사가 신통자재하다는 소문이 이어졌으나, 늘 엄격히 경계하여 누구나 삼밀을 성취할 수 있는 밀법의 좋은 수행의 길이 있다는 점을 강조했다.

대성사는 밀교수행법을 전수하는 틈틈이 교리체계를 정립하는 데 심혈을 기울였다. 완전한 밀교의 교리와 의식을 갖추지 못

1970년대 대성사와 금강관 전수

하면 정진해도 공덕이 없고 도리어 마장이 있음을 우려하여 삼밀가지三密加持의 올바른 수행법을 확립하기 위한 경전 탐구와 밀교의궤의 정립에 몰두했다. 여러 경전을 불철주야 탐독하여 발견한 밀교의궤의 역사성과 정당성, 그리고 정진 끝에 몸소 성취한 엄격한 밀교수행법을 체계화했다.

1972년 9월 9일 모여든 스승들을 위해 밀교수행법의 방법과 공덕을 담은 현밀원통성불심요집顯密圓通成佛心要集을 근거로 '비밀불교의 의궤'를 제정·공포하고 전수를 시작했다. 참회, 오대서원, 옴남, 옴치림, 옴마니반메훔, 준제진언, 서원사항, 실지정진, 훔자오인, 회향의 순서로 불사법요를 정립

밀교의 특징을 고스란히 담은 '비밀의궤'
_대성사 유품

했다. 성불로 가는 진정한 방법은 다라니 수행에 있고, 그것을 어떤 방식으로 닦아야 하는가를 경전에 근거해서 설명한 것이다.

세간 수행법으로서 식재(息災, 재난을 소멸하는 법), 증익(增益, 소원을 성취하는 법), 경애(敬愛, 존경과 사랑을 받고 화합하는 법), 항복(降伏, 일체의 삿된 마장을 조복시키는 법)의 사종수법(四種修法)을 제시했다. 나라를 구하고 도탄에 빠진 중생을 구하고자 하는 대비원력으로 새로운 종단의 창종을 준비하면서 대성사는 재난을 없애고 소원을 성취하는 데 부합하는 기도법이 사종수법이라고 확신했다. 진각종에서는 행하지 않았던 바라 스승들은 사종수법에 깊이 전념했다.

재난을 없애기를 서원할 때는 '제재난 사바하', 구하고자 하는 바가 있어 서원할 때는 '소구여의 사바하', 화합과 원만을 서원할 때는 '영일체인경애 사바하'의 준제진언을 지송하도록 했다. 원래 밀교의 사종수법은 각각의 작법과 의궤가 다르지만 원정 대성사는 준제진언으로 통일하여 사종수법을 시행하도록 했다. 이러한 세 가지 준제진언은 공식불공, 대중법회, 동참법회뿐 아니라 개인 염송 때에도 행했다. 이로써 '옴마니반메훔' 육자대명왕진언과 '나무 삿다남 삼먁삼못다 구치남 단야타 옴 자례 주례 준제 사바하 부림' 준제진언을 겸할 것을 새로운 종단의 핵심 수행법으로 확립했다.

진정한 밀교를 위해서 반드시 필요한 수행의 요체를 직접 설명하였는데, 이런 경전의 전수는 종단이 발전한 후에 정기적인 강공으로 진행되었다. 지금도 여법하게 진행되는 강공은 창종 이전부터 대성사가 세운 총지종의 전통이다.

9월 29일에는 종단의 상징에 대한 가르침을 내렸다.

"총지종 교의의 상징이자 종지를 표시하는 동시에 교기와 건물, 그리고 각종 마크와 의복의 배지로 사용될 종단의 상징물은 육합상이다. 육합상은 중앙에 둥근 원을 하고 원으로부터 여섯 개의 가시광선이 있다. 그 바깥으로 여섯 개의 연꽃잎을 한 모양을 이룬다. 중앙의 원은 불교의 진리인 동시에 무시무종의 뜻이다. 또 이 우주의 운행도 모두 원으로 운행되므로 법신비로자나가 곧 원이라는 뜻이요. 만다라를 윤원 구족으로 표현하며 대일여래는 곧 태양을 의미하므로 원에서 광명을 발하는 뜻으로 표시한 것이다. 바깥의 여섯 연꽃잎은 불교의 교화를 표시하는 동시에 육자진언, 육바라밀, 육합, 육도, 육근, 육경, 육식, 육관음 등을 의미한다. 또 육자진언 중 '마니'는 원이요, '반메'는 연화이며, 원은 남성, 연화는 여성에 비유된

다. 즉 남녀상교, 음양원융의 뜻이며, 원은 물질과 과학이
다. 연화는 심성과 종교이다. 그러므로 물질과 마음이 다
르지 않은 물심 불이의 뜻을 드러낸다. 원은 현실이며 연
화는 진리를 나타내고 있다. 당상즉도 즉사이진 색심불이
번뇌가 즉 보리인 뜻이다."

대성사가 내보인 육합상에는 새 종단의 교리가 그대로 담
겨 있다. 비로자나불을 교주로 하고 관세음보살 본심진언을

대성사 육합상 육필 스케치

본존으로 모신다는 뜻을 형상으로 보인 것이다. 그 자체로 만다라이며 법문이니 종지를 한눈에 드러내 보이고 있다.

육합상에서 유래한 또 하나의 상징물이 원상이다. 원상은 태양과 우주, 곧 비로자나불을 나타냄과 동시에 윤원구족한 만다라를 상징한다. 둥글고 평등한 마음의 본성이자 분별과 대립이 없는 원융무애한 진리의 세계를 표현한다. 또한 비로자나불의 법계정인, 아미타불의 선정인 등 밀교의 수인에도 그대로 나타나는 대표적인 상징이다. 대일여래 비로자나 부처님의 원만한 본성 및 지혜와 자비의 광명을 두루 비춘다는 의미의 원상은 후에 종단 사원마다 세워졌다.

대성사는 창종을 두 달여 앞둔 10월 3일에 준제관음상의 조성을 시작했다. 이전과 다른 수행을 위해 육자 본심진언과 함께 중생의 의지처로 준제진언을 함께 행하는 것으로 수행의 상승을 도모했다. 청정한 마음의 근본자리이며 세간의 고통을 두루 구하시는 보살의 현신으로서 신앙의 대상으로 삼게 했다. 종단이 갖추어야 할 토대와 기둥이 망설임 없이 진행되었으니 그동안 심중의 고심이 얼마나 깊었을지 미루어 알 수 있는 일이다.

11월 11일 충정로, 현 관성사에 교도들이 모이니 앞으로의 불사와 의식에 대해 구상해 온 뜻을 밝혔다.

본존 육자진언 _대성사 친필

"첫째, 본존은 육자대명을 봉안한다.

둘째, 불전 공양물은 헌화와 수향에 한하고, 정수와 촛불은 쓰지 않는다.

셋째, 법의의 의제는 신라시대의 상의양식과 같이 깃을 밑까지 내려 만들고 소매는 작은 홍탁소매로 하며 색조는 백황홍흑의 네 가지 색으로 사종수법에 맞추어 착용한다.

넷째, 가사는 금가사로 한다. 흑자색지에 육합상을 세 곳에 백색으로 자수를 한다. 목에 걸면 뒤 항부에 육합상이 보이고 전면은 양 흉부에 육합상이 보이며, 규격은 폭은 두 겹으로 만들어 반을 접은 것이 6센티 5푼, 길이는 140 센티미터가 되도록 하는 것이다. 금가사와 법의에는 전면에 한 개씩의 4지결의 흑색 노끈으로 단추를 단다.”

그리고 11월 17일 처음으로 서울선교부에 육자진언 본존을 모셨다. 짙은 자주색 비단 바탕에 실담범자悉曇梵字로 된 육자진언을 금색실로 수놓아 금색 액자에 봉안했다. 진리의

한국 현대 밀교를 일으켜 세운 원정 대성사

본체이자 일체 생명의 근원인 법신 대일여래 비로자나 부처님을 교주로 삼고 형상으로서의 불보살상이 아닌 문자 다라니를 본존으로 모셨다. '옴마니반메훔'은 비로자나 부처님의 덕 가운데 하나인 관세음보살님의 깊고 미묘한 본심이자 가장 으뜸의 진언이기 때문이다.

유형무형의 진리의 모습을 불상이 아닌 진언다라니 그대로 본존으로 모신 것은 상을 세우지 않고 오로지 마음 본성의 깨달음을 추구하여 진리를 곧게 세운다는 의미이다. 범자그대로의 진언 다라니를 본존으로 모심으로써 관세음보살의 육자진언을 중심 진언으로 지송하는 종단으로서 교의적으로도 완벽을 기했다. 이로써 '옴마니반메훔' 육자대명왕진언을 수행의 중심이자 해탈의 근본으로 삼고 있음을 만천하에 공표했다.

진각종을 세울 때 부족했던 안과 밖의 일들을 모자람 없도록 만들어 가르쳤다. 교도들과 스승들도 그 뜻에 감응하여 종단 일에 진심을 다할 수 있었다. 종단에 필요한 경전과 의궤, 법식 등 모든 요소가 다 갖추어진 셈이다. 이와 같이 본존과 의식을 완벽하게 갖춤으로써 밀교종단의 틀이 다져졌다. 때를 같이하여 곳곳에 서원당이 마련되었으니 총지종의 태동은 창종일 이전에 이미 시작되었다.

각고의 정진과 부처님의 가지력에 힘입어 정순하고 완전 무결한 정통밀교 사상과 수행체계를 완성한 원정 대성사는 뜻을 함께하는 교도들과 함께 서울선교부를 개설하고, 1972년 12월 24일 정통밀교종단의 창종을 선포했다. 특히 옛 총지종總持宗과 달리 총지종總指宗으로 한자를 달리 쓴 것은 다라니인 총지總持로써 세상을 밝히고 중생을 지도한다는 의미를 담았다. 무엇보다 총지종은 '불교의 생활화, 생활의 불교화'를 내세워 대승불교의 정신으로 일상에서 실천하는 생활불교임을 천명했다.

"법신 대일여래를 교주로 하고 육자대명왕진언을 본존으로 하여 대승장엄보왕경과 대승이취육바라밀다경을 소의경전으로 삼으며 또한 태장계와 금강계 양계의 모든 경궤를 보조경전으로 하여 삼밀三密과 육행六行을 수행의 덕목으로 하여 당상즉도當相卽道 즉사이진卽事而眞 색심불이色心不二의 원리에 입각하여 복지쌍수福智雙修로 사리를 구현함으로써 현세정화現世淨化와 즉신성불卽身成佛의 윤원대도輪圓大道를 얻게 하였다. 특히 이원진리를 밝혀서 물심병진법物心倂進法을 가르치는 한편, 시시불공時時佛供 처처불공處處佛供, 생활시불법生活是佛法 불법시생활佛法是

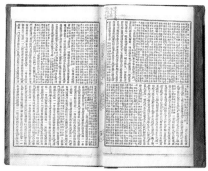

소의경전 대승장엄보왕경 _대성사 유품

生活의 진리를 체득하게 하는 동시에 활동하며 닦고 닦으면서 활동하는 것을 실천하게 하는 방편을 세움으로써 완전한 교상이 확립되었다."

혼돈 속에 출발했던 옛길과 달리 모든 것은 명확했다. 법신비로자나불을 교주로 모시고, 육자대명을 본존으로 삼고, 소의경전으로 대승장엄보왕경과 대승이취육바라밀다경을 의지했다. 태장계와 금강계 모든 경궤를 더해 삼밀과 육행을 수행의 덕목으로 삼으니 우리가 마주하는 모든 일을 수행으로 삼고 몸과 마음, 물질과 정신이 둘이 아니라는 것을 알며 지혜와 복을 함께 닦아간다는 원칙을 세웠다. 종교인으로서 현세를 정화하고 이 몸으로 즉시 성불하여 수행의 성취를 이룬다는 것이다.

또한 옛날과 다른 오늘의 현실을 바로 보아 물질과 마음을 두루 닦도록 하며, 매 순간이 불공이 되고 가는 곳마다 불공을 하여 생활이 불법이 되고 불법이 생활 속에 온전히 살아 종교적 수행과 현실적 삶이 일치되도록 펼쳐 나가겠다는 것이 총지종 창종의 깊은 뜻이다.

이날 대성사는 스승과 교도들에게 창종의 서원을 다음과 같이 세웠다.

"자기형편이나 자기교화自己敎化에만 집착하기보다 종단 전체의 이익을 위하여 법을 세워가는 대아적大我的인 위치에 서야 할 것입니다. 현세정화現世淨化에 사명감使命感을 가지고 물러나지 않는 정진으로 종단의 유구悠久한 발전과 세계평화의 결실結實을 거두어야 합니다. 우리 총지종總指宗을 새로 세워 가르침을 펼치는 정신이 널리 밖으로 빛나 세계만방에 부처님의 지혜 광명과 복덕의 공덕이 펼쳐지도록 하는 데 종도 모두가 훌륭히 나설 것을 서원합니다."

자기를 내세우기보다 일체중생을 위하는 대승의 길을 걷

는 것이 밀교행자의 길이다. 그러므로 교도는 자기 수행과 세상 구제의 사명감을 잊지 말아야 한다. 물러서지 않는 정진으로 나아갈 때 총지종을 세상에 펼친 정신이 널리 열릴 것이며, 부처님의 가르침이 세상에 빛나도록 원을 세우자고 호소한 것이다.

한번 내디딘 발걸음은 거칠 것이 없었다. 사람들이 모여들면서 대성사 홀로 시작한 길은 뒤따르는 이들의 발길에 의해 넓어졌다. 그야말로 모든 이들이 함께 수행의 길로 나아갈 대승의 수레가 다닐 정통 밀교의 길이 열린 것이다.

이날 새로운 종단을 선포하는 의식에서 종단의 서원을 담은 진언이 염송됐는데, 총지종 창종에 대한 큰 바람과 앞으로 걸어갈 길을 보여주었다.

옴자례주례준제 총지종 교세발전 사바하
옴자례주례준제 부국강병 국태민안 사바하
옴자례주례준제 조국평화통일 사바하
옴자례주례준제 일체교도가정제재난 사바하
옴자례주례준제 일체교도가정소구여의 사바하

수행이 개인의 기복에 있지 않고 총지종의 교세가 발전하여 나라와 사회가 평안하고, 조국이 통일되며, 모든 교도의 가정에 구하는 바가 두루 이루어지길 축원하며, 세상살이에 겪는 어려움이 사라지길 바란 것이다.

종교는 개인의 염원에서 출발하여 일체중생의 행복으로 이어진다. 바라는 바가 있기에 믿음에 의지하고 고통이 있기에 신앙을 갖는다. 그 출발은 개인적이지만 결국 나라와 뭇 생명의 행복을 원하는 것도 종교가 지향하는 바이다. 첫 의식의 서원은 이런 축원을 담은 진언으로 시작되었다. 공공서원의 기본 틀은 오늘날까지도 계승되고 있다.

"모든 일은 사람이 하는 것이 아니라 법계가 행하는 바이다."

일의 진행에 대한 대성사의 말씀이다. 법계는 총지종의 창종을 기다리고 있었던 듯 모든 일이 순조로이 진행되었다. 창종을 선포하기 이전에 이미 서울 충정로(관성사)와 경주 구정리(승천사), 경남 밀양군(일상사), 서울 동대문(밀인사), 경북 안강읍(건화사), 경주 서부동(국광사)에 법단이 설치되고 스승이 임명돼 새로운 밀교의 교화가 시작되었다.

스승들은 수행과 함께 교도를 대하는 자세와 마음가짐을

다졌다. 당시 대성사는 한 치의 망설임도 주저도 없었다. 흔들리지 않는 모습으로 필요한 사항들을 알려주니 스승과 교도들의 마음 또한 굳게 자리를 잡았다. 누구나 물러서지 않는 정진을 기약했고, 법을 전하는 일에 두려움이 없었다. 좋은 일은 나서서 칭찬하고 삼갈 일을 보면 세세히 일러 길을 알려주었다.

"세속 사람들이라도 수양 있는 지성인이라면 인생관을 세우고 생의 가치를 확립하고자 하거늘 하물며 중생을 제도하는 성직자로서 뚜렷한 주관이 없이 어찌 남을 제도하며 국가와 민족을 위하여 봉사하고 인류평화를 위한 지도자로 자처할 수 있겠는가? 대승보살행은 결코 관념적인 것이 아니며 생생하게 인생의 고락을 겪으면서 그것을 소재로 인격화할 수 있는 사람만이 행할 수 있는 수행이기 때문에 오상선신五相成身의 불퇴전의 각오로써 정진하지 않으면 안 된다."

창종이 선포되면서는 곧바로 부산 정각사, 포항 수인사, 청주 혜정사에 선교부가 개설됐다. 초창기에 생긴 선교부들은 대다수 진각종 스승과 교도 출신들이 대성사를 믿고 그 길을 따르기로 결심하여 시작된 곳들이다.

대성사는 바르고 참된 생활 자체가 곧 불공이므로 때와 장소를 정하지 않고 언제 어디에서나 부처님을 염하고 진실한 생활을 할 수 있도록 가르쳤다. 그러다 보니 사원은 자연스럽게 도심에 세워졌다. 바쁜 현대인들이 생활하는 틈틈이 언제든 쉽게 들를 수 있는 수행도량이 되도록 중생들의 삶의 현장 바로 곁에 사원을 건립했다. 대중들이 내 집처럼 부담 없이 드나들 수 있도록 현대식 건물에 사원을 조성하고 수행

1972년 12월 28일 포항선교부 설단불사

과 사무행정에 적합한 실리적인 구조를 갖췄다.

또한 밀교의 근본 가르침을 시대 변화와 대중의 요구에 발맞춰 새롭게 정립했다. 세간과 출세간, 생활과 불교, 남녀노소, 승속의 구분 없이 기도와 생활이 하나되어 성불과 해탈을 향해 나아가는 종단으로 구체화했다. 생활불교의 실천은 승가와 재가가 함께 닦는 '승속동수僧俗同修'로 발현되었다.

진각종에서 20여 년 동안 교화의 중심에서 활약한 원정 대성사는, 그런 만큼 창종 이후 제반 제도와 직제를 구비하는 시간도 크게 단축시켰다. 창종 1년도 채 안 되어 1973년 6월 27일 당시 총지종의 총본부인 성북선교부에서 전국의 교역자와 교무가 모인 가운데 전국 총회를 개최했다. 임시의장 록정 정사의 사회로 종헌을 심의 가결하고 만장일치로 대성사를 종령으로 추대했다. 역사적인 제1회 강공회와 중앙종회, 원의회를 개최하여 종단의 직제와 행정 및 심의 기구를 확정했다. 종단의 최고의결기관인 중앙종회와 행정기구인 통리원 원의회를 구성함으로써 수행과 교화를 뒷받침할 종단의 행정과 심의체계를 완벽하게 갖췄다.

해가 바뀌면서 연초인 1월 9일 총지종 교도로서 반드시 지켜야 할 사항이 정해졌다. 교도맹약教導盟約이다.

1. 부처님의 가지력加持力에 일심귀명하고 신심信心의 변

1978년 제11회 중앙종회

동을 일으키지 않겠습니다.

2. 4은10선四恩十善의 가르침을 받들어 6행六行을 실천하겠습니다.

3. 인과응보의 진리를 굳게 믿고 이단사설異端邪說에 미혹되지 않겠습니다.

4. 화합과 단결로써 국가사회에 헌신봉사하고 세계평화에 기여하겠습니다.

5. 교법敎法에 수순하고 정법과 정도와 정의를 세워 현세 정화에 정진하여 국가와 종단을 결정코 수호하겠습니다.

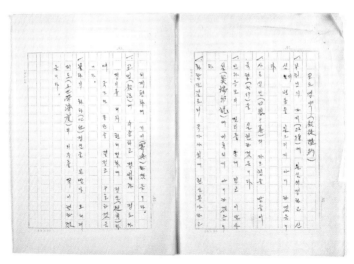

교도맹약 대성사 육필

6. 부처님의 화타정신化他精神을 본받아 5세대 제도의 의
   무를 꼭 이행하겠습니다.

이는 종교인의 윤리적 덕목과 불교도로서의 의무를 규정
했을 뿐 아니라 특히 밀교의 가르침을 남을 위해 적극적으로
전하겠다는 전법의 서약이기도 했다. 아울러 대성사는 전법
과 교화를 위해 스승과 교도들을 뒷받침하는 데도 심혈을 기
울였다.

1973년 용달과를 설치하여 전국 선교부에 필요한 모든 물
품을 일괄 구매하여 나눠주었다. 스승들은 강공회를 마칠 때
마다 갖가지 교화용품을 한아름 들고 돌아가기도 하고, 교도
들에게 나눠줄 총지의 법문과 다라니, 희사용지 등을 트럭에
가득 싣고 전국 각지를 돌기도 했다. 이듬해에는 석가모니
부처님이 녹야원에서 다섯 수행자에게 처음 법을 설한 것을
근간으로 삼아 2세대를 제도한 교도에게 시교試敎의 지위를
부여하고 5세대를 제도한 교도에게 전교傳敎의 지위를 부여
하여 전 교도가 교화에 나설 수 있도록 했다. 스승을 위한 공
제기관인 '심우회'를 설치하여 건강, 재해, 자녀교육, 노후 등
삶의 질을 향상시키기 위한 제반 복리후생제도를 법규화했
다. 오늘날의 연금제도를 이미 50년 전 실행에 옮기고 있었

던 것이다.

새로 만드는 길이니 때로 잡음과 불화가 없었던 것은 아니었다. 어떤 이는 자신의 상을 드러내 남 앞에 서려 하여 자신과 남 모두를 아프게 하는 일도 있었다. 분란이 있을 때마다 대성사의 대응은 한결같았다. 꾸짖지도 나무라지도 않고 진실이 자연히 드러나도록 불공으로 이끌었다. 어떤 일이 있어도 한결같은 답을 주셨다.

"법계에 물어보고 진실하고 간절하게 불공하면 반드시 감응이 있을 터이니 그에 따라 행하라."

실제로 대성사로부터 불공법을 배워 행한 후 원하는 바를 이루는 일이 일어나면서 소문을 듣고 영험을 얻으려는 이들이 모여들었다. 밀교 수행에는 신통이 따르는 일도 있으나 대성사는 그 또한 경계하라고 일렀다.

"수행하여 도를 닦는 일은 즉신성불을 목적으로 일체 애욕을 탐하는 마음과 원한과 원망을 끊어야 한다. 부처님께서는 또한 신통으로 세상사를 희롱하는 일을 허락하지 않으셨다."

또한 "신통력과 주문은 밀교적이기는 하지만 밀교는 아니다."라고 단언했다. 오직 자신의 삼밀수행으로 부처님의 가지를 입어야 한다는 것이다. 신통을 얻는 것이 밀교 수행의 목적이 아님을 강조한 것이다. 법계는 진실하니 시비는 반드시 가려지고, 설혹 그 시간이 길고 앞이 보이지 않는다 하여도 인간의 감정으로 상대를 대하지 말 것을 일깨웠다.

대전과 대구에 선교부가 차례로 문을 열고 곧이어 총지종 총본산의 불단을 세우는 불사가 진행된다. 1973년 3월 26일 서울 종암동 123번지 26호의 3층 건물과 대지를 사들이고 총지종의 많은 스승과 교도들이 모여 불단 이설 불사를 거행했다. 서울선교부로 시작했으나 성북선교부로 간판을 고쳐달았고, 대성사는 이곳에 머물면서 당면한 일들을 처리했다. 그리고 가장 소중한 종단 불사인 중요 경전을 번역했다. 성북선교부는 정통 밀교를 복원하는 법계의 불사가 원만히 이루어지는 터전이 되었다.

당시 대성사의 일과는 시곗바늘처럼 한 순간도 어긋나지 않았다. 건물은 본디 인근 고려대학교 학생들의 하숙집으로 쓰던 곳이라 이리저리 방을 들여 좁고 불규칙한 꼴이었다. 대성사가 머문 곳은 대략 한두 평 남짓한 좁은 공간이었다. 방 안엔 다른 치장 없이 오직 경을 보는 데 필요한 작은 경상 하나만이 놓여 있었다. 이곳에서 필사해 온 밀교 경전들을 살펴 읽고 번역하는 작업으로 하루의 절반가량을 보냈는데, 정해진 시간이 되면 어떤 경우에도 경을 덮어 일과를 지켰다.

아침에 일어나면 의복을 차려입고 자세를 흩트리지 않았다. 우선 평생 함께하던 라디오를 켜고 세상 사정을 들었다. 라디오는 닳고 닳았지만 새로 바꾸지 않고 옛것을 그대로 썼다. 정확한 시간에 시보를 알리고 세상 소식을 전하는 통로로 삼았다.

자신이 정한 불공과 기도에 어긋남이 없었고, 사람들이 찾아오면 그들을 맞아 이야기를 들어주고 사정에 맞는 수행법과 불공을 가르쳤다. 대성사는 스스로 시간을 정해두고 그 시간이 되면 어떤 경우에도 하던 일을 멈추고 다음 예정된 일을 했다. 정해진 일은 결코 미루거나 행하지 않는 바가 없었다. 자신의 행동과 마음씀 하나가 온 법계에 영향을 미친다는 밀교행자의 자각이 있었기 때문이다.

대중에게 법을 설할 때면 일체 사사로운 이야기를 섞는 바

없이 오직 경에 나오는 가르침만을 전했다. 경에 근거하지 않는 법은 입에 담지 않았고, 의궤를 정하거나 불단을 세울 때도 경전을 찾아 부처님 교설에 의하여 행했다.

대성사의 경전 탐구는 멀리 일제강점기 하얼빈 시절까지 거슬러 올라간다. 당시 일본의 패망을 미리 예견하고 전쟁의 참화를 목격한 바 불교에 마음을 두고 경을 찾고 불교 서적을 탐독했었다. 이때 심은 보리의 씨앗은 후에 불교총전과 밀교장경을 만들 때 고스란히 담겨 총지종의 보배가 되었다.

특히 비밀의궤는 의식이 주가 되는 밀교의 특징을 고스란히 담은 현대 한국밀교의 위대한 성과이다. 그 의궤 하나하나를 교리와 경전 가르침에 맞춰서 정하였다. 의식은 사원에서만 행하는 것이 아니라 일상 속에서도 여법하게 진행할 수 있도록 고결식과 기제식에 필요한 용구로 왕생막과 법등을 제작했다. 왕생다라니도 고안하여 생활 속에 밀교의식이 뿌리내릴 수 있도록 하였다.

역경 불사는 교도들에게 불교를 제대로 전하기 위해 현밀양교의 경전을 골라 엮은 '불교총전'부터 시작했다. 대장경 속에서 중요한 내용과 불자라면 반드시 알아야 할 소중한 가르침을 골라내 직접 우리말로 옮겼다. 1964년 출범한 동국역경원이 당대 최고의 학승과 불교학자들이 대거 참여한 가운데 고려대장경의 한글 번역을 추진한 것과 비교하면, 대성사 혼자 힘으로 대장경의 주요 내용을 발췌, 정리하고 당시 이름조차 생소한 밀교 경전을 한글로 번역하는 일은 결코 간단치 않았다.

하지만 천부적인 언어감각을 타고난 데다 일본어, 만주어, 중국어, 한문, 영어, 러시아어까지 섭렵한 터라 번역은 유려하고 쉽게 읽을 수 있는 문장으로 옮겨졌다. 당시 대중들이 접할 수 있는 불교 문헌이 많지 않아, 스승들은 그 자료를 포교 현장에서 유용하게 쓸 수 있었다. 처음부터 한 권의 책으로 묶여 나오지는 않았지만, 유인물의 형태로 보급되어 차곡차곡 성과가 쌓였다. 초창기의 '불교총전'이 그렇게 탄생했다.

경전의 우리말 번역에 각고의 노력을 이어온 대성사는 1977년 5월 22일 총지종의 소의경전인 불설대승장엄보왕경 전4권과 대승이취육바라밀다경 전10권의 한글 번역을 완성했다.

불교 전반의 이해도 중요하지만 밀교종단인 만큼 밀교의 가르침을 펴내는 일은 가장 시급한 불사였다. 진각종 시절 직접 편수했던 밀교성전 가운데 골수인 대승장엄보왕경과 대승이취육바라밀다경을 다시 번역하고 검수하여 이 두 경

刊行書籍類

寺院名	摘	要	答

總指敎典 = 一般에 公開할 수 있도록, 스승과 敎徒에 指敎
全般및 總指宗의 敎義, 歷史 眞相을 가르칠 수 있도록,
(初期教義 成長史考案, 敎規系, 現章案 等 正史)
(大衆佈포案 主經 等 佈教)

指事要論 = 總指宗의 指導方針, 指導方法 等 一總網羅
(教義必携)
(스승教誡指導, 敎徒指導 = 主婦, 老年男女 壯年男女,
學生, 少年, 幼年, 職場및 社交 出稼者, 大學, 中高校,
國民校, 幼稚園 等教育機關 等을 通한 指導)
(病院 其他 各種事業을 通한 指導)(折伏에 대한 指導)
(孤兒院, 養老院, 犯罪자 等各種救護及福祉事業을
通한 指導)(誰長社長 及部長 課長及班長 等의 團하게 指
導할 幹部에 지도, 信念, 愛, 誉에 대한 指導)

折伏大典 = 敎徒의 底信 指導 增大 等과 一切 方法, (스교 布教 等을
統한 資料, 方法, 叩各集, 座談會 方法, 講演會 方法,)
(儒家教者 他 佛家教, 基督教徒 天主教徒, 儒家 其他
他種類佛敎信仰者 等 折伏 方法, 及 諸種起義, 反對者 等
福祉事業者 等의 折伏 方法,)

1972년 10월 17일 최초 발간된 '총지교전' 간행에 관한 대성사 육필 노트

전을 묶어 '밀교장경'이란 이름을 붙였다. 새로운 종단에서 삼밀수행을 하는 이유와 각종 의궤와 법식에 대한 경전의 근거를 확실히 세운 것은 진각종 시절 겪었던 수행의 혼란을 피하기 위해 반드시 필요한 일이었다. '밀교장경'은 종단의 정체성과 특별함을 세상에 알리는 근본이 되었다. 누구나 밀교가 어떤 가르침과 수행으로 이루어졌는지를 알 수 있도록 인도하는 종교적 정수이다.

창종은 선포하였으나 종단의 형태가 완전히 갖춰진 것은 아니었다. 현교의 전통사찰들은 전통사찰관리법에 의해 특별히 관리되었음에도 관리의 미비함 때문에 비구·대처의 분쟁 속에 유실되는 일이 잦았다. 뿐만 아니라 개종 초기 희사한 재산을 두고 겪었던 우여곡절도 있었다. 대성사는 종단 재산은 반드시 공적으로 운영돼야 하며 누가 보아도 투명해야 한다는 분명한 의지를 갖고 있었다. 한 개인에 의한 사유화나 유용이 제도적으로 불가능하도록 치밀하게 규정을 만들었다. 오랜 공직의 경험에 비추어 세월이 흘러도 공정하도록 기틀을 만든 것이다.

당시 정부에 종단을 등록하기 위해서는 두 가지 방법이 있었는데, 하나는 전통사찰관리법에 의한 종단 등록이고 다른

1973년 10월 17일 대구선교부 재단법인 불교총지원 창립총회

하나는 종교재단의 설립과 등록이다. 대성사는 1973년 10월 17일 재단법인 불교총지원 창립총회를 개최하여 종단 등록의 요건을 갖추었다. 종단이 정식으로 등록돼야 공적 책임과 의무를 다할 수 있기 때문에 대성사와 교도들이 노력을 기울인 일이었다.

1973년 12월 12일 서울시에 종단 등록과 재단 허가 신청을 함께 냈으나 종단 등록은 반려됐다. 이듬해 5월 30일 주무관청인 문화공보부로부터 재단법인 불교총지원 설립허가를 받게 된다. 이로써 대성사는 현대 밀교 부흥을 위한 숙원 하나를 해결한 셈이다.

재단법인 불교총지원이 1974년 설립됐다.

　6월 12일 대성사는 주석하던 성북선교부에 '불교총지종' 현판을 걸었다. 천 년의 세월을 넘어 이 땅에 정통 밀교가 다시 꽃을 피우는 공식적인 순간이었다. 때를 기다리고 있던 전국의 교도들은 곳곳에서 서원당을 열고 밀교의 가르침을 전했다. 현재 총지종의 주요 서원당은 대부분 그 무렵에 설립된 곳들이다. 그만큼 대성사에 대한 믿음과 밀교 수행에 대한 목마름이 컸던 것이다.

　대성사는 포교에 있어서 선구자적인 식견을 드러냈다. 음악을 통한 포교에도 시대를 앞선 행보를 보였다. 당시 만든

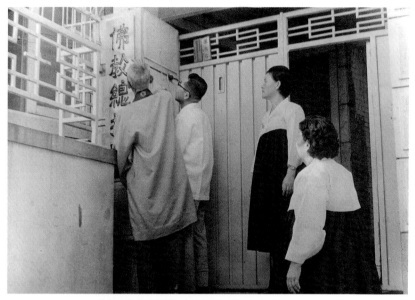

1973년 5월 1일 서울선교부에서 성북선교부로 설단이설불사를
봉행하고 최초로 불교총지종의 현판을 내걸었다.

창교가 가사를 보면 대성사가 교단을 세운 뜻이 여실히 드러나 있다. 중생을 건지겠다는 원력이 시방세계 빛으로 뻗어가고, 사명으로 뭉친 교도들은 금강같이 굳은 신심으로 즉신성불의 길을 영원히 전하는 내용에서 당시 대성사와 교도들의 비장한 각오를 엿볼 수 있다.

삼계의 중생들을 모두 건지고 찬란한 거룩한 빛 널리 비추며
대천세계 우렁찬 소리 울리고 시방세계 뻗어갈 우리 총지종
법계의 사명으로 여기 모여서 금강같이 뭉쳐서 일어난 교단
즉신성불 대도를 널리 열어서 영겁으로 이어갈 우리 총지종

대성사는 불교의식에 찬불가를 적극 활용했다. 예불가 '오대서원'과 '회향서원'을 직접 작사하여 공식 불공과 의식에 도입했다. 그밖에도 '네 가지 큰 은혜', '성도절 노래', '창교절 노래' 등 16곡의 찬불가를 직접 작사하였고 이 가운데 6곡을 완성했다. 워낙 문체가 유려하고 게송을 읽기 쉽게 설해온 대성사는 노랫말을 만드는 데도 남다른 능력을 보였다. 가사뿐 아니라 기본적인 곡조를 작곡하고 전문 작곡가에게 편곡을 의뢰하여 총지종의 교의를 담은 아름다운 찬불가를 보급했다. 찬불가를 불공의식에 공식 도입함으로써 현대적

대성사는 1974년 9월 예불가 '오대서원'과 '회향서원'을 직접 작사
하여 공식 불공과 의식에 도입하고 합창단을 만들었다. 1975년 합
창단 결단식 대성사 모습

인 불교의식을 정착시킨 것이다.

　대성사는 미래를 준비하는 데에도 탁월한 지도력을 발휘
했다. 1975년부터 각 사원에 어린이 불자들을 위한 자성학
교를 개설했다. 승천사, 수인사, 정각사, 국광사, 성화사에 어
린이 법회가 열렸다. 자성일 법회에 참여한 부모를 따라온
어린이들을 보살피는 것에서 출발하여 점차 놀이방과 공부
방의 기능을 확대하고 전담 교사와 봉사자를 배치하여 놀이
와 학습을 통한 인성교육 및 불교교육의 장을 펼쳤다. 전국
사원에 어린이 법회와 중고등학생회 법회가 개설되면서 종

1977년 정각사 헌공불사 후 대성사와 스승들 그리고 합창단

1973년 1월 19일 제2회 강공회

전국 사원에 어린이 법회와 중고등학생회 법회가 개설되면서 사원은
활력이 넘쳤다. _1974년 10월 3일 경주학생회 결성식

단은 활력이 넘쳤다. 종단의 미래 인재가 곳곳에서 움을 트고 있었다.

대성사가 공을 들인 또다른 불사가 있었으니 나라와 민족을 위한 진호국가불사이다. 종단의 기틀이 탄탄해진 1970년대 중반은 냉전시대의 위기감이 정점에 달한 시기였다. 남과 북의 긴장뿐 아니라 동서진영의 경쟁과 대립은 당장이라도 전쟁이 나고 인류의 파멸을 가져올 정도로 긴박했다. 신라의 명랑 법사가 당나라 군대를 물리치기 위해 문두루 비법을 행한 것처럼 밀교행자들은 언제나 국토와 생명을 수호하기 위해 진심을 다해 왔다.

　1975년 대성사는 수호국계주다라니경을 근거로 삼고 진호국가불사 의궤를 정립했다. 특히 베트남 패망으로 위기감이 높아졌을 때 5월 5일부터 일주일 동안 직접 정진하여 본을 보였다. 국가의 발전이 불국정토를 이루는 길이라고 보았기 때문이다. 밀교 수행과 국가의 안녕, 국민의 안락이 일치함을 법문으로 남겼다.

"법신불은 본래 있어 보리심菩提心에 비유하고 화신化身불은 닦아 나니 보리행에 비유한다. 법신불이 중생 위해 당신이 곧 화신 되니 법신부처 이 밖에는 다시 부처 없는지라 법신불은 태양같고 화신불은 만월같다. 그러므로 법신명호 비로자나 대일大日이라.

밀교 본신 양인 고로 현세정화現世淨化 위주하며 밀교 본신 양을 쓰고 일요자성 날을 한다. 현세안락 서원하여 이 땅 정토(淨土) 만드므로 진호국가鎭護國家 서원으로 자기 성불 하기 위해 식재증익息災增益 경애항복敬愛降服 사종법四種法을 수행하니 국민 모두 안락하고 국토 모두 성불된다. 이것이 곧 오는 세상 몇 천 겁을 기다려서 성불함이 아니므로 즉신성불卽身成佛이라 한다."

진호국가불사를 거행하고 모든 불사를 양력으로 진행한 뜻을 밝힌 것이다. 국가공휴일로 제정된 부처님오신날을 제외하고 모든 불사를 양력 기준으로 시행했다. 대일여래 비로자나 부처님이 태양을 상징한다는 교의적인 측면도 있지만 현대인의 변화된 생활양식에 맞춰 현대적인 종단 운영에 그 취지를 더했다. 음력 위주였던 불교계의 오랜 관행을 거침없이 깬 셈이다.

법계와 함께

대성사를 기억하는 이들은 한결같이 "대성사가 앞을 내다보는 혜안이 있었다."고 전한다. 남에게 신통을 자랑하거나 신비를 내세우는 일은 결코 없었지만, 어떤 결정이라도 시간이 지난 후에 보면 지혜의 폭과 깊이를 수긍할 수 있었다는 것이다. 가정사와 사업의 어려움을 토로하면 빙긋 웃으며 불공을 권하고 "법계가 드러내는 법을 따르라."고 했지만, 앞을 내다보는 실마리를 주었다고 한다.

2차 대전의 종전, 일본의 패망, 남북의 분단, 한국전쟁의 발발과 북진 등을 예견한 일은 친족들이 생생히 기억하며 증언하고 있다. 늘 세계의 소식을 남보다 먼저 받아들이고 대비했던 일은 주변인들이 보고 아는 대성사의 또 다른 모습이다.

대성사의 혜안으로 오늘의 총지종을 이룬 하나의 사건이 있었다. 종단 간판을 건 성북선교부는 건물이 좁고 종교적인 용도로 쓰기에 부적합하였기에 종단의 총본산이 될 만한 곳을 찾고 세워야 했다. 여러 곳이 거론되고 각각 이유와 이점이 있었으나 대성사는 당시에는 강 건너 멀고 먼 변두리 땅이었던 지금의 총지사 터를 점찍었다.

1960년대 초까지는 광주군에 속했고 총지사 터를 구입한 1975년까지는 성동구의 일부였다. 그야말로 허허벌판으로 배추밭과 과수원이 있던 황무지여서 지명조차 없이 영등포의 동쪽이란 뜻으로 '영동永東'으로 부르던 곳이다.

서울 시내에서 버스를 타고 한남대교를 건너면 막 개발이 시작된 영동 땅이 나오고, 구비구비 한참을 더 가야 역삼동 근처에 내릴 수 있었다. 주변은 논밭이라 비가 오면 진창길로 걸을 수조차 없었던 땅이고, 멀지만 인근에 버스 정류장이 생긴 것은 한참 후의 일이었다. 말죽거리 윗방아다리라는 옛 지명을 가진 볼 것 없는 곳이었지만, 대성사는 이곳이 한국 밀교의 미래를 열 땅이라는 확신이 있었다.

1975년 새해 불공으로 총본산 건설을 서원하고 교도들의 힘을 모아 3월 28일 대지 328평을 매입했다. 그 후 인근 대지를 더 사들여 지금과 같은 터를 만들었다. 세상의 이해를 구하지 않고 후세에 가치가 남을 일을 행한다는 것이 어려운 길을 열어가는 이들의 특징이다. 역삼동 총본산 건립은 당대

수인을 결하고 진언 염송 중인 대성사

서울 역삼동 총본산 총지사 건립 중 대성사와 스승, 교도들 모습

의 눈이 아닌 미래를 위한 행원으로 내린 결정이다.

총본산 건설은 대지를 다 확보한 5월 31일 기공식을 열었다. 이미 진각종의 전국 곳곳 심인당을 지은 경험이 있던 터라 대성사의 지시와 감수로 공사가 진행됐다. 자재 하나하나까지 일일이 챙기고, 공정마다 잘 진행되도록 종단의 힘을 모은 덕에 건축 불사는 순조롭게 진행돼 기공식 5개월 만에 대부분의 건물은 완성 단계에 들어섰다.

대성사는 공과 사에 엄격하여 건축을 맡은 이들은 늘 긴장을 멈추지 못했다. 평소 강조하던 말 때문이다.

"공중의 일을 위하여는 생명을 바치고 사사로운 일에 이용하지 말며, 중생을 이롭게 하기 위해 덕을 베풀고 자기의 이익은 취하지 말라."

공사에 장난을 치거나 주어지지 않은 이득을 얻으려는 이들은 대성사의 이런 태도 앞에서 고개를 숙일 수밖에 없었다.

10월 27일에 총본산 건물 옥탑에 대일여래 비로자나불의 지혜와 광명을 드러내 보이는 원상을 세우게 된다. 세상에 정통 밀교 종단의 위상을 펼쳐 보이는 외형적인 기반이 완성

1977년 총본산에 건립된 성불탑에서 교도들과 함께

된 것이다.

공사가 진행될 때 대성사는 그곳에 상주하다시피 하면서 건축을 독려하고 마장이 없도록 수시로 불공을 올렸다. 치밀한 성품 그대로 어느 것 하나 어긋나지 않도록 살핀 덕에 원상을 올린 며칠 후인 11월 4일 교도들과 전국 스승들이 모여 본관 건물 상량식을 성대히 치르게 된다.

12월에는 총본산 마당에 불사에 동참하여 뜻을 모은 교도들의 정성을 새겨 성불탑을 세우고, 드디어 12월 27일 총지사 2층 서원당 불단이 개설되었다. 1978년 1월 19일 건축불사의 준공을 마치고 4월 18일 총본산 총지사의 설단 불사를 봉행했다. 이로써 천 년을 넘어 맥을 이은 한국 밀교가 다시 천 년을 이어갈 터전이 세워진 것이다. 명실상부 '생활 속에서 수행하고 수행이 생활이 되는 참된 도량'이 세상을 향해 넓은 품을 열었다.

대성사는 항상 총본산을 지키고 있었다. 1층 계단 아래 의자 하나를 두고 별다른 일이 없으면 늘 그 자리에 앉아 들고 나는 교도들을 지켜보고 격려했다. 급한 일이 일어나 총지사로 달려오면 달리 찾아볼 필요 없이 곧바로 대성사를 만날 수 있었다.

1978년 불교총지종 총본산 총지사 준공 당시 전경. 아래는 도심화
된 서울 역삼동 오늘날의 총지사

누구나 마음에 닥친 혼란과 생활 속에서 벌어진 소소한 일까지 마음속 사정을 대성사에게 털어놓으면 이야기를 귀 기울여 듣고 잠시 생각에 들었다가 한결같은 가르침을 남겼다.

"무엇이든 간절히 법계에 물어보면, 감응이 있다. 밀교 행자는 어떤 경우에도 흔들리지 않고 마음의 심지를 지켜 법계의 응답대로 행해야 한다. 불공을 잘 드리면 마장은 걷히고 원하는 바를 얻을 수 있으니, 사람의 지식을 구할 것이 아니라 법계의 진리가 비추는 바를 따르면 될 것이다."

그 말 말미에 넌지시 살펴 지켜야 할 바를 일렀다고 한다. 또한 현실의 고난을 겪는 이들에게는 마음을 닦아 인과로써 돌아보아 그 근본을 바로 잡을 수 있어야 한다고 가르쳤다.

"법계에는 길흉화복吉凶禍福 선악존망善惡存亡의 엄연한 기관機關이 서 있을 뿐이지 흥하고 망하게 하는 것은 다 자기가 지어서 받게 되는 것이다. 원인을 지어서 결과를 받는 것은 하늘과 땅과 부처의 원칙이다. 착한 인을 지으면 착한 과를 받고 악한 인을 지으면 악한 과를 받는다.

효순한 인을 지으면 효순한 과를 받게 되는 것과 같이 털끝만치도 어긋남이 없다. 인 지어서 과 받는 두 길이 있으나 착한 것을 사람이 알게 되면 사람이 돕고, 모르게 되면 법계에서 먼저 돕는다. 악한 것을 사람이 알게 되면 사람이 먼저 벌을 주고, 모르게 되면 법계에서 먼저 화를 주는 법이다. 말이 패역悖逆하게 나가면 또한 패역하게 돌아오고, 재물이 패역하게 들어오면 또한 패역하게 나가게 된다. 자손과 살림이 잘되게 하자면 부모 조상의 영식을 천도薦度하고 복업을 지어야 할 것이요, 재산을 가지고 오래 행복하게 살자면 부처님을 믿고 인과를 내증하며 육행을 실천하여야 행복이 늘 함께 하게 될 것이다.

지금 지은 인이 현세의 과가 되고, 작년에 지은 인이 금년에 과가 되고, 어제 인을 지은 것이 오늘에 과가 되는 것은 변함없는 인과법칙이다. 나의 착한 것을 사람들에게 알려서 칭찬을 많이 받게 되면 내세에 복과를 받아도 적고, 사람들이 착한 것을 몰라서 칭찬을 받지 않으면 곧 현세부터 진리의 복과를 받아도 크게 받는다."

어떤 경우에도 세간의 가치에 따라 사람을 평하지 않고 그의 심중을 깊이 들여다보아 진실한 대답만을 하였는데, 이는 모든 일이 법신불의 삼밀작용이라는 평소의 가르침대로이다. 찾아오는 이를 달리 귀찮아하거나 특별히 더 아끼는 법이 없이 평등하게 대했다. 부처님 가르침과 경전대로 가르침을 주었으나 평범함 속에 비범한 방도가 숨어 있었다.

특히 밀교의 수행법은 어떤 일에도 해결책이 된다는 점을 강조하여 막힌 길을 열어주었다.

"육대六大를 체로 하여 연기하는 세상 갖가지 일들은 반드시 모든 작용을 일으키는 것인데 이것을 신身, 구口, 의意의 삼밀三密이라 한다. 이는 현교의 삼업三業과 대조된다. 이 삼업을 정화하는 것이 곧 삼밀이니 부처님의 가지력加持力과 관행자觀行者의 공덕의 힘과 법계의 통합력에 의해 정화되는 것이므로 삼밀관행으로 공덕이 일어나는 것이다. 좀 더 확대하면 부처님이 설한 진실한 일을 실행하는 것이 신밀身密이다. 부처님이 설한 진실한 가르침을 입에 담아 말하는 것이 구밀口密이다. 부처님이 설한 진실한 마음을 가지는 것이 의밀意密이다. 이렇게 수행하는 것은 몸과 마음의 양면으로 전인격적인 활동이 되는 것이니, 그 진리를 지성이나 평면적인 사유에 그치지 않고 인격 전체에 입체적으로 받아들이고 믿어 행하면 삼밀이 되

1978년 4월 18일 총지사 설단불사 동참 스승과 사부대중

1978년도 춘계 강공회에서 강훈 중인 대성사 _총지사 서원당

는 동시에 행자의 자기확립이 되는 것이다."

듣는 이에 따라서는 당연한 말이나 행할 수 없는 일이라고 여길 수도 있었으나, 당시 대성사의 말과 뜻과 행동이 실제로 그렇게 보였으니 믿어 의심하지 않았다. 특히 총지종 총본산에 주석하면서부터 밀교법과 관련되지 않는 말은 일체 입에 담지 않았다. 나의 몸이 법계를 대표하여 관세음보살과 다를 바 없음을 아는 믿음으로 삼밀이 진실함을 실제로 보인 것이다.

대성사는 평소 교도들에게 '밀교를 수법하는 진언행자는 대일여래의 삼밀과 행자의 삼밀관행이 상응할 때 법계에 평등함을 실제로 얻고 깨달아 스스로 불도를 성취할 수 있다'고 강조했다.

깨달음과 수행이 멀리 있는 것이 아니라 스스로 현실과 생활 속에서 진실하게 생각하고 진실된 말을 하고 진실한 행을 하여 삼밀을 이루면, 법계와 행자가 평등한 현실을 깨닫게 되고 법신여래의 삼밀이 행자의 삼밀과도 같아져 결국 즉신성불을 이루게 된다는 것이다.

깨달음을 강조하고 주장하며 말을 앞세우는 경우는 많았지만, 현실에서 그 실제를 이룰 수 있는 법을 밀교의 삼밀행을 통해 진실하게 보이고 있었다. 생활이 수행이 되고 수행이 생활이 되며, 불법과 생활이 일치하는 교법은 대성사의 일상 속에서 그대로 실현되고 있었다. 그러니 어떤 경계가 와도 늘 담담히 대하고 교도들의 화급한 물음에도 구경의 대답으로, 화를 공덕으로, 경계를 수행으로 이끌었던 것이다.

현실에서 삼밀을 행해 즉신성불하고 현세를 밀엄정토로 이루자는 법문을 여러 고승대덕의 게송을 인용하여 전했다.

이우주의 형형색색
법신이불 신밀이요
이우주의 모든음성
법신구밀 설법이며
형색음성 치밀해서
활동하는 그진리는
모든것이 우주진리
법신여래 그삼밀이
분화하여 있으므로
법계법신 의밀이라.

진언행자 삼밀행은

모든진리 체득하는

진언비밀 보리도며

즉신성불 계단이라

여래삼밀 행자삼밀

일여평등 한것으로

행자개체 연기하여

평등법계 자증한다.

만물의 근본은 걸림이 없어 늘 마음을 모아 수행하여 삼밀을 성취하면, 사종의 만다라가 떨어지지 않아 삼밀로 부처님의 가지력이 즉시 드러나니 불법이 미치지 않는 곳이 없고 이 몸으로 곧 성불을 이룬다고 강조하신 것이다. 손발을 움직이고 행하는 모든 것이 신밀이 아님이 없고, 입을 열어 소리 내는 모든 말이 구밀이며, 마음을 일으켜 신념을 세우는 모든 것을 의밀이라 하니 언행과 마음 씀을 수행으로 삼고 밀교행자로서 할 바를 행할 때 현실이 불국정토가 된다는 가르침이다.

또 한 가지, 당시를 기억하는 이들의 경험은 어떤 경우에도 대성사가 화내는 모습을 보지 못했다는 것이다. 꽤나 불편할 만한 일이 벌어져도 태연함을 잃지 않았고 평안함을 보였다고 한다. 그러니 화가 나서 날뛰던 이도 대성사가 몇 마디 말을 건네면 곧 조용해지는 일도 있었다. 특히 서원당 주변에서는 말과 생각과 행동을 삼가 고요함을 잃지 말라고 당부하였는데, 그 이유를 게송으로 가르쳤다.

서원당은 금강법계

비로자나 궁전이라

정보리심 아축불은
淨菩提心 阿閦佛

그동방에 항상있고

만법능생 보생불은
萬法能生 寶生佛

그남방에 항상있고

설법단의 아미타불
說法斷疑 阿彌陀佛

그서방에 항상있고

이리원만 성취불은
二利圓滿 成就佛

그북방에 항상있다.

아축불과 같이살면

보리구할 마음나고

보생불과 같이살면

공덕모여 장엄하고
아미타불 같이살면
지혜열려 안락하고
불공성취불 같이살면
대정진에 고여윈다.

서원당뿐 아니라 현세 모든 곳이 부처님 아니 계신 곳 없
으니 어디서나 보리를 구하고 공덕을 모으며 지혜를 다해 대
정진에 나서 모든 고를 여의자는 당부이다.

총본산에 앉아 있을 때 늘 손에는 염주를 들고 사람을 대
하지 않을 때는 진언을 멈추지 않았다. 손으로는 염주를 돌
리고 눈으로는 법계를 꿰뚫어 보며 입으로는 진언을 외우는
데, 진언의 공덕을 호지국가안락인민보성다라니경을 인용
하여 이렇게 가르쳤다.

"일체 모든 국토 중에 다라니가 유포되는 그 나라의 사람
들과 용들은
일체선신 옹호받고 모든 세력 자재하며
왕자비후 재상보신 장병들이 안락하며

내외원적 모계간사 악질기근 한재수해 악수독룡
이와 같은 일체 모든 불상사는 모두 단제 소멸되고
재물곡식 풍요하여 고장모두 가득차고 화과모두 영성하
여 인물들이 안락하다."

다라니를 외는 일로 국토의 모든 이가 선신의 옹호를 받
아 국민 모두 평안과 번영을 이룰 수 있다는 것이다. 개개인
의 행복보다 일체 중생이 행복을 얻고 고난이 사라지기를 마
음에 새기며 다라니를 지송하라는 것이 대성사의 가르침이
었다.

특히 관세음보살 본심미묘육자대명왕진언인 '옴마니반메
훔'의 공덕을 강조하여 남긴 글이 있다.

"대승장엄보왕경에 이르시되 관세음보살 본심진언을 항
상 수행하는 사람은 길이 생로병사의 윤회를 받지 않는
다. 만일 이 주문을 염념불망하는 사람은 천재만액이 다
소멸된다. 대승장엄보왕경에 설함과 같이 만약 사람이 관
세음보살 본심진언을 외우고 생각하면 있는 곳마다 부처
와 보살을 이루며 외우고 생각하는 사람의 칠대 종족이
다 해탈함을 얻게 되며, 만약 사람이 관세음보살 본심진

언을 얻으면 탐진치 삼독에 애착함이 없을 것이다. 또 이 본심진언을 머리에 이거나 몸에 지닌 자도 또한 탐진치 삼독병에 물들지 않을 것이요. 이와 같이 이거나 지니는 사람의 몸과 손으로 하는 바와 눈으로 보는 바의 일체 생명이 속히 보살의 위를 얻어 영영 생로병사 윤회하는 모든 고생을 받지 않게 된다."

수행은 멀리 있지 않으며, 언제나 진실한 마음으로 관세음보살을 생각하고 그 본심의 진언을 외워 관세음보살이 나와 함께하며 내가 관세음보살을 드러낸다는 마음을 일으키면 그 공덕이 무량함을 밝혔다.

그리고 본심주를 염하는 것은 그 자체로 중요하지만, 더 나아가 마음에 새겨 관세음보살의 본심대로 행하기 위한 마음 훈련임을 강조했다. 이는 교리를 머리로 이해하고 받아들이는 일을 넘어 관세음보살의 행으로 이어진다는 것을 가르친 것이다.

"옴마니반메훔을 송하고 염하는 것은 행하기 위한 마음 훈련이다. 옴은 희사, 마는 계행, 니는 마음을 낮추는 하심 下心, 반은 용맹, 메는 묵념, 훔은 지혜니 믿고 행하면 생로

병사를 받지 아니하며 잊지 않고 묵념하면 천재만액을 소멸할 수 있다. 이 심인은 부처와 보살과 중생의 본심이라 만법을 다 가져서 법계의 진리와 우주의 만사만리가 구비하였으니 모든 경전은 등겨와 같고 육자 심인은 백미와 같아서 한 번 생각하면 착한 복을 얻게 되니 목숨 한 번 살려준 공덕과 같고 행할 마음으로 한 번 생각하면 오역죄를 면하며 칠대 종족이 다 해탈함을 얻으며 뱃속에 있는 벌레 등 일체 유정이 속히 보살의 마음을 얻으니 이것은 미묘한 본심의 공덕이요 천마외도의 사술이 아니다.

좋은 결과가 오는 육행은 제일 지혜, 제이 묵념, 제삼 용맹, 제사 하심, 제오 계행, 제육 희사이니, 이 여섯 가지를 실천하여 저 언덕에 가는 것이니라. 인간생활에 반드시 필요한 것이다. 총지종에서 실행하는 수행법은 불경에서 이르는 육바라밀행의 실천주의니 현실에서 반드시 필요한 것이다.

사람은 누구나 다 어리석은 마음이 있고 어지러운 마음이 있고 게으른 마음이 있고 성내는 마음이 있고 악한 마음이 있고 아끼는 마음이 있는 것이니 그 여섯 가지의 나쁜 마음을 고치자면, 지혜로써 미련하고 어리석고 우치한 마음을 고치고, 묵념으로써 어지러운 마음을 가라앉히고,

용맹으로써 게으른 마음을 고치고, 하심으로써 열이 나고 성이 나고 분이 나는 진심을 고치고, 계행으로써 추잡한 행상과 악마 같은 행동을 고치고, 희사로써 탐하고 집착하는 마음을 고치는 것이 육바라밀행인 동시에 대승적 실천불교가 된다."

설법과 일상의 대화가 다르지 않고, 가르친 것과 실제 행한 바가 같으니 교도들이 대성사를 대하기를 때로는 친근하게 더러는 엄숙하게 했으나, 한결같은 회상은 "함께 있으면 주변이 고요해지고 남다름을 느낄 수 있었다. 100명이 모여 있어도 멀리서도 대성사를 알아볼 수 있었다."는 것이다.

종단이 자리를 잡고 전국에서 밀교 수행이 활기를 찾아가고 있었다. 대성사는 창종 이후 한국 현대밀교 사상 최초로 삼매야계단三昧耶戒壇과 금강계단金剛戒壇을 열어 관정식灌頂式을 베풀고 정통밀교를 전수할 아사리阿闍梨를 배출했다. 창종 만 7년, 교세는 요원의 불꽃처럼 일어나 30여 개의 사원이 개설되고 행정기관인 통리원과 함께 교리적인 면을 뒷받침하는 연구기관으로서 법장원이 신설되었다. 또한 교도들의 참여와 신행활동을 돕기 위하여 신정회가 결성되었으

1975년 4월 23일 전법관정 수계식의 대아사리, 대성사

며 각종 교전이 편찬되었다. 세상의 고난을 불법으로 해량하
고, 이 몸 이대로 쉬이 성불할 수 있는 부처님의 가르침이 제
대로 펼쳐졌다는 소식으로 인해 전국 곳곳에 서원당이 흥하
고 사람들이 몰려와 수행의 길에 들어섰다.

　교의와 수행체계 역시 발전을 거듭했다. 밀교 수행의 궁극
의 목표는 법신불과 하나가 되는 것이다. 내가 곧 부처라는
철저한 자각에서 출발하여 현재의 이 몸 그대로 현생에서 부
처가 되는 것을 목표로 개인의 자성과 법신불의 진리를 합일
하기 위해 삼밀가지三密加持 수행법을 닦는다. 원정 대성사

는 이를 '현세정화現世淨化 즉신성불卽身成佛'의 가르침으로
구체화했다.

"자신을 둘러싸고 있는 고통의 문제를 해결하지 못한다
면 아무리 훌륭한 진리의 가르침이라 해도 가까이하기 어
렵다. 환경이 순탄하지 못하면 불도수행도 여의치 못하기
에 수행에 장애가 되는 것을 제거해야 한다. 밀교의 의례
가운데 재앙을 소멸하고 복을 부르는 현세이익을 추구하
는 의례들은 성불이라는 원대한 목표에 도달하기 위한 하
나의 과정이며 궁극적으로는 좋은 수행여건을 조성하여
중생을 성불로 이끌기 위한 방편이다. 질병과 재난 등 현
실의 괴로움에서 벗어날 수 있도록 함으로써 수행을 통해
심성을 순화하고 개인의 욕망을 승화하여 보다 높은 깨
달음으로 나아가는 발심의 기회를 제공한다. 또한 개인의
고통은 사회 환경의 조건과 무관하지 않으므로 나라의 안
정과 발전을 위해서도 노력을 기울여야 한다."

원정 대성사는 항상 이 사회에 필요한 종교, 나라와 중생
들에게 도움이 되는 불교가 되어야 한다고 가르쳤다. 재난을
여의고 복을 이루며 세상 모두가 풍요롭고 안전하고 평화롭

1978년 가사 봉대식

1978년 8월 30일 결연관정수계 정각사

기를 기원함과 동시에 스스로의 불성을 밝혀 부처가 되기를 발원하라고 가르쳤다. 성불은 결코 특별한 존재만이 할 수 있는 것이 아니며 머나먼 다음 생을 기약해야 하는 일도 아니므로, 지금 이 자리에서 성불할 것을 궁극의 목표로 설정했다.

즉신성불을 지향하는 고도의 차원 높은 수행법과 재난을 여의고 복을 이루는 현세이익의 의궤법을 나란히 놓음으로써 개인과 환경을 바르고 아름답게 가꾸는 현세정화와 스스로 불성을 자각하고 부처와 하나되는 즉신성불이 진언행자의 수행 목표임을 분명히 했다.

그러나 육신의 소멸은 어쩔 수 없는 일이어서 칠순이 넘은 노령의 육체는 쇠약을 피할 수 없었으니, 법계의 불사는 남아 있어도 대성사는 세상의 인연이 다함을 느끼고 있었다. 육신은 물질이니 소멸의 인과를 따라가나 마음은 법신과 함께하여 법계에 그 원을 새겨 영겁을 거듭해 현전하는 법이라고 주변에 일렀다.

당시 스승들은 대성사로부터 더 많은 법을 전해 받고자 경을 보다 막히는 부분이 있으면 찾아와 묻곤 했다. 세세히 설명을 했으나 때가 됐음을 알아 안타까운 당부도 잊지 않았다.

1979년 4월 26일 원정 대성사 종령 추대식

"그건 이런 이치를 갖고 있는 것인데, 자네는 아직까지 그 뜻을 알지 못하니 이를 어찌할 터인가……"

대성사의 몸은 쇠하여가도 눈빛은 빛을 잃지 않았다. 병고의 고통 없이 시절 인연이 다했음을 알고 곡기를 물려 세간 인연을 정리하였다. 병원으로 옮겨야 할 때가 되어 주변사람이 들것에 대성사를 들어 옮기자 이런 말로 안타까움을 대신했다.

"이 육신으로 세상사 이런저런 일들을 했으나, 이젠 이렇게 제 몸 하나 가누지 못할 때가 왔구나. 마음은 그대로이나 몸은 새털처럼 가볍게 됐다."

아쉬움은 남고 안타까움에 가슴 시린 날이 왔다. 인연은 잡고 싶어도 잡을 수 없으니 인생은 무상하나 가르침은 그치지 않고 천세를 넘어 억겁으로 이어질 것이다. 몸은 허깨비 같고 세월은 아지랑이 같아 잡을 수 없고 멸하는 슬픔을 받아들여야 하는 법이다.

1980년 9월 8일, 몇몇 스승과 교도들이 지켜보는 가운데 대성사는 마지막 법문을 남겼다.

"불공 잘해라."

평소의 가르침대로 짧고 강한 말이다.

태양은 사라지지 않고 빛은 우주에 가득하니, 세연이 다하는 순간에도 삼밀의 공덕을 당부하였다. 처음과 끝이 같고 세상에 온 뜻과 법계로 돌아간 원력이 흐트러지지 않았다. 한국 현대 밀교를 일으켜 법답게 위의를 갖추게 하고 정통 밀교를 바로세운 인연은 세상의 인연 74년을 끝으로 빛으로 돌아갔다. 법계가 다하도록 공덕은 무량하고 복덕은 무진하니 후세의 제자들과 스승들과 교도들이 그 은덕을 이어 진리를 구현할 바이다.

대성사는 법계와 일체가 되어 지금도 가르침으로 머무시니 그 뜻을 받아 삼밀을 성취하고 세상을 위해 총지의 진리를 전할 것이다. '불공 잘하라'는 대성사의 가르침은 오늘도 그 빛을 잃지 않는다.

하루 동안 행복함은 새벽불공 함에 있고
칠일 동안 행복함은 자성불공 함에 있고
한달 동안 행복함은 월초불공 함에 있고
일년 동안 행복함은 새해불공 함에 있고

평생 동안 행복함은 불퇴전에 있느니라.

〈종조 법설집 중에서〉

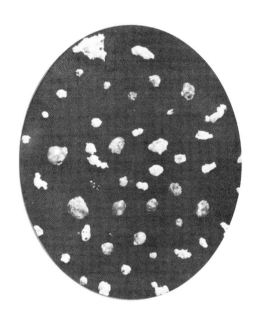

원정 대성사 사리舍利.
불교총지종 본산 원정기념관에 모셔져 있다.

서울 역삼동 불교총지종 본산 소재 원정기념관 모습

저자 후기

우리는 때때로 기억해야 할 것을 잊고, 부질없는 것을 기억한다. 한 사람의 삶에 있어서 또한 시대의 역사에 있어서도 그렇다. 기억은 자신의 동질성을 지켜주는 힘이고 기억의 축적은 역사를 이룬다. 그런 점에서 위대한 자취를 남긴 사람이 살아간 기록은 집단이 공유해야 할 기억이기도 하고 함께 나누어야 할 가치관의 총체이기도 하다. 원정 대성사 일대기 작업을 하면서 그 점을 더 확실히 마음에 새길 수 있었다.

우리가 지낸 지난 100년 전후의 흐름이 워낙 격변의 연속이라 혼란 속에 사라져버린 자취와 흔적들이 남아 있는 것보다 많은 실정이다. 그러니 망각은 기본이고 그 망각에 힘입어 과거를 세탁하는 일도 부지기수였다. 친일파가 독립운동가로 둔갑하고 밀정이 고매한 인격으로 포장된 역사를 우리는 흔히 보아왔다.

대성사님의 전기 작업을 시작하면서 가장 처음 고민했던 것은 그의 남아 있지 않은 해방 이전의 흔적이었다. 이력서의 기록으로만 보면 당연 친일을 했으리라 의심되는 부분도 있었다. 그러나 기록을 찾고 흩어진 역사의 흔적에 하나하나 살을 붙여가다 보니 우리가 잊고 있던 광복을 위한 치열한 투쟁의 삶이 그 속에 있었다.

흔히, 독립유공자 포상을 대성사님의 선친이 받은 터라 나머지 가족들은 독립운동을 지켜만 보았으리라 생각할 수 있으나 사실은 그렇지 않다. 대성사님 나이 6살 때 두 발로 만주를 향해 걸어간 그 순간부터 내몽골의 비바람을 맞아가며 시련의 삶을 견뎌내던 때까지, 그 모든 시간을 온몸으로 독립운동을 했던 것이다. 가족 모두가 조국의 독립이란 대의를 위해 자기 배를 채울 거친 수수밥도 동포들과 나누며 총을 들거나 밀명을 전하거나 일본군의 동정을 살피는 일까지 어떤 형태로든 독립전쟁의 일원으로 싸웠다. 명백한 사실이다.

여기까지가 명료해지자 대성사님의 종교적 입장과 목표를 더 잘 이해할 수 있었다. 고난의 시대, 고통 받는 민중이 가야 할 길을 오랫동안 잊혀졌던 밀교라는 수행의 가르침에서 찾아낸 것이다. 이상과 현실이 모순되지 않고 몸과 마음과 말이 한결같이 조화를 이루어 다 함께 부처가 되는 시대를 꿈꾼 것은 그의 살아온 자세와 마음속 심지를 살펴보면 당연한 일이 될 수밖에 없었다.

구한말부터 한국전쟁 전후까지, 해결할 수 없는 이 땅의 문제들에 대해 종교에서 답을 찾으려는 시도들이 이어졌다. 그 시절이 한국 신종교의 황금시대이기도 했고, 총지종처럼 과거를 딛고 새로운 가치를 제시한 가르침도 등장했다. 정치와 무력으로 풍비박산이 된 현실을 살피면서 현자들은 종교적 가치에서 새로운 길을 찾아내려 한 것으로 보인다. 대성사님도 민족의 고난과 가족의 역경 속에서 자연 그 길을 걸어갔다고 보았다. 물론 그분께서 마음에 새겼던 천하 구제의 큰마음을 헤아리지 못하는 나의 좁은 소견일 수도 있다.

일대기 작업을 하면서 안타깝고 아쉬웠던 것은 이 작업을 조금 더 일찍 시작했더라면 하는 점이다. 다른 마음 밝은 이가 먼저 나서서 진즉 대성사님을 기억하는 이들을 만나고 듣고 전해 온전한 일대기를 만들었으면 얼마나 좋았을까 하는 슬픔이 있었다. 하나 슬픔은 그대로 묻기로 하고, 실낱만큼이라도 남은 이 기억의 조각들을 더 이상 잊지 않았으면 좋겠다. 대성사님이 남기신 가르침대로 지금 이 자리에서 바로 행복하게 살아갈 수 있는 진리의 길을 모두가 함께 걷기를 바란다. 그 길은 누구에게나 마음의 힘이 되리라 믿는다. 다 함께 진리를 향해 나아가길 바라며. 옴마니반메훔.

김천 씀

원정 대성사 연보 苑淨 大聖師 年譜

1907년 1월 29일 경상남도 밀양군 산외면 다죽리 죽서竹西마을에 서 부친 손기현과 모친 이근호 사이에서 사남매 중 둘째 아들로 태어나다.

1912년 한일합방이 되자 부친은 가족을 모두 이끌고 만주 서간도로 망명의 길을 떠나다.

1919년 부친은 서간도 독립운동의 주체 세력인 서로군정서 산하 조직인 한교공회에서 외교원 신분으로 일하다가 1920년 체포되다.

1922년 옥고를 치른 부친은 가족과 함께 다시 고향 밀양으로 돌아 가다.

1924년 대성사는 애국지사 홍주일 등이 대구 남산동에 연 중등교 육기관 교남학교 고등과에 진학하다.

1927년 6월 17일 대성사 나이 21세에 강숙이(불명: 금강관)와 혼례를 치르다.

1936년 경남 함양군의 학교비 위원회 서기로 취직하여, 함양공립 농업실수학교 예산관리 업무를 담당하다.

1940년 일제의 식민 정책에 항거하며 사직 후 가족들과 함께 하얼빈으로 이주하여, 하얼빈 지방법원 소속 대서 업무를 맡으며 송사에 지친 사람들을 돕다.

1941년 자본을 댄 인척과 정미소를 운영하며, 도정조합의 이사장에서 주하현 미곡배급조합의 이사장으로 선출되다.

1944년 일본의 패전을 예상하고, 가족들을 이끌고 고향으로 귀국. 일제치하 공출이나 징용동원과 거리가 먼 인도적 지원의 적십자사 경남위원회의 군 서기로 근무하다.

1946년 해방 후 미군정으로부터 밀양공립농잠중학교의 행정관에 임명돼 학교 행정 업무를 전담하게 되다.

1950년 한국전쟁 발발로 아들 손순표가 의용군으로 징집되다. 대성사는 이 땅에서 전쟁으로 고통 받고 희생된 모든 이를 위해 밤낮으로 기도하기 시작하다.

1952년 대성사가 기도를 시작한 49일째 되던 날, 아들이 살아 돌아오다.

1953년 회당 대종사와의 첫 만남을 계기로 발심하여 밀양 심인당에서 수행을 시작하다.
8월 27일 심인불교건국참회원 제헌 총회 교도 대표로 참석하다.
9월 30일 밀양 지방주사로 승진하여 재직 중이던 고등학교 교육공무원을 사직하다.

11월 2일 정사 후보로 임용되어 막 문을 연 서울심인당에서 교화에 나서다

1955년 시취試取 스승, 정사보正師補를 거쳐서 대성사는 정사로 승진하다. 당시 법호는 시당施堂으로 시당 정사로 불리다.

1956년 회당 대종사가 주석하던 서울 왕십리 심인당의 스승으로 봉직, 진각종 초대 사감이 되다. 사감은 후일 감사기관 '사감원査監院'으로 확대된다.

1957년 '심인불교 금강회 해인행心印佛敎 金剛會 海印行' 출판사 설립, 밀교 경전을 직접 우리말로 옮겨 간행 업무를 시작하다. 정사로 승진 2년 만에 선교로 추대되다.

1958년 경전의 정수를 모아 '총지법장'을 간행하다. 또 '응화성전'을 내다.

1964년 종단 최고위직 총인總印으로 선출되다.

1971년 진각종의 모든 직책에서 스스로 물러나고, 100일 불공에 들어가다. 백 일째 되는 밤, 원정 대성사는 백발의 노인으로부터 '대승장엄보왕경과 준제관음법으로 교화하라'는 몽수를 받다.

1972년 6월 28일 마지막 남은 명예직인 진각종 기로원장 직을 내려놓고 물러서다. 서울 상봉동 지금의 정심사에서 수행을

하며 칩거에 들어가다.

9월 9일 현밀원통성불심요집顯密圓通成佛心要集을 근거로 '비밀불교의 의궤'를 제정·공포하고 전수를 시작하다.

9월 29일 교주 비로자나불, 관세음보살 본심진언을 본존으로 모시는 뜻을 육합상으로 내보이다.

10월 17일 '총지교전'을 발간하다.

10월 29일 준제관음상의 조성을 시작, 육자 본심진언과 준제진언을 함께 행하는 것으로 수행의 상승을 도모하다.

11월 29일 충정로 현 관성사에 교도들 앞에서 불사와 의식의 뜻을 공식 밝히다.

11월 17일 종단 최초로 서울선교부에 육자진언 본존을 처음으로 모시다.

12월 24일 서울 선교부를 개설하고 정통밀교종단 불교총지종을 열다.

1973년 6월 27일 제1회 중앙종의회, 원의회, 강공회를 개최하고, 종제를 확립하고, 초대 종령으로 추대되다.

7월 3일 용달과 설치를 지시하여, 전국 선교부에 필요한 모든 물품을 구매하여 나눠주기 시작하다.

10월 17일 종단의 공적 책임과 의무를 다하기 위한 재단법인 설립을 위해 불교총지원 창립총회를 개최하다.

1974년 1월 9일 총지종 교도로서 반드시 지켜야 할 교도맹약敎導盟約을 정하다.

5월 30일 문화공보부로부터 재단법인 불교총지원 설립허가를 받다.

6월 12일 성북선교부에 최초로 '불교총지종' 현판을 내걸다.

1975년 3월 28일 새해 불공으로 총본산 건설을 서원하고 역삼동 현 본산 대지를 매입하다.

4월 23일 한국 현대밀교 사상 최초로 삼매야계단三昧耶戒壇과 금강계단金剛戒壇을 열어 전법관정수계를 하다.

11월 4일 교도들과 전국 스승들이 모여 본산 건물 상량식을 거행하다.

12월 14일 '오대서원'과 '회향서원' 등 찬불가를 작사하여 불공과 의식에 도입하다.

12월 15일 모든 경전을 통불교적으로 직접 편찬하여 '불교총전'을 발간하다.

1977년 5월 22일 소의경전 '불설대승장엄보왕경전' 4권과 '대승이취육바라밀다경' 전10권의 한글 번역을 완성하다.

5월 25일 소의경전 '밀교장경'을 직접 번역하여 간행하다.

12월 27일 총본산 마당에 성불탑을 세우고, 총지사 2층 서원당 불단을 개설하다.

1979년 4월 26일 총지종 제2대 종령으로 추대되다.

1980년 7월 18일 종정 전반을 록정 정사에게 맡기고 제자들에게 밀법 홍포의 대원을 부촉하다.

1980년 12월 24일 세상의 인연 74년을 끝으로 열반적정의 세계로
들다.

글 김천

동국대학교 불교대학 인도철학과를 졸업하고, KBS 구성작가와
불교TV 프로듀서, 경향신문 객원기자를 했으며, 현재 프로덕션
맥스웰 대표이자 자유기고가로 활동 중이다. 영화 〈동승〉으로 상
하이 국제영화제 최우수 각본상을 수상한 바 있으며, 저서로는
'시대를 이끈 창종자', '인생탈춤-태허 홍선 평전' 등이 있다.

삽화 김승연

국정교과서를 비롯하여 위인전, 창작동화 등에 다수의 삽화를 그
렸다. 불교신문에 만평을 그렸으며, 소년소녀가장돕기 동시화전
에 여러 차례 출품한 바 있다.

불공 잘해라 –불교총지종 종조 원정 대성사 일대기

초판 1쇄 인쇄 2021년 12월 6일 | 초판 1쇄 발행 2021년 12월 15일
김천 지음 | 불교총지종 엮음 | 펴낸이 김시열
펴낸곳 도서출판 운주사

      (02832) 서울시 성북구 동소문로 67-1 성심빌딩 3층

      전화 (02) 926-8361 | 팩스 0505-115-8361

ISBN 978-89-5746-665-0 03220 값 15,000원

http://cafe.daum.net/unjubooks 〈다음카페: 도서출판 운주사〉